# 웅이가
# 봄꽃처럼 찬란하다

구신자 제2시집

# 옹이가 봄꽃처럼 찬란하다

초판인쇄 2024년 5월 16일
초판발행 2024년 6월 3일

지은이_ 구신자
발행인_ 이현자
발행처_ 도서출판 현자

등　록_ 제 2-1884호 (1994.12.26)
주　소_ (우)04550 서울시 중구 수표로 50-1(을지로3가, 4층)
전　화_ (02) 2278-4239
팩　스_ (02) 2278-4286
E-mail_001hyunja@hanmail.net

값 11,000원



ISBN 978-89-94820-94-1　03810

제2시집

# 옹이가 봄꽃처럼 찬란하다

김신자

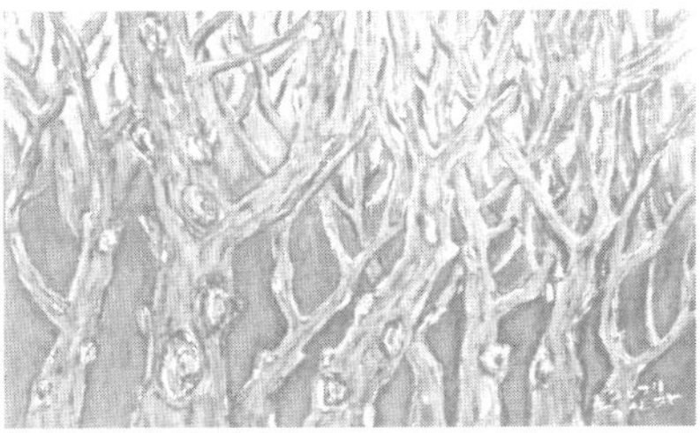

도서출판 연자

# 시인의 말

시를 쓴다는 것은
자기 내면을 들여다보고
자기 고백을 하는 일이라고 합니다.
부끄럽기도 하고
뿌듯하기도 한 일입니다.
한 장의 사진으로
앨범에서 추억을 꺼내 보는 일처럼
보고 느끼는 감상을
한 편의 시에 풀어놓고
그동안 모은 시들을 시집으로 묶어
추억으로 돌아보려고 합니다.

2024년 5월에

구신자

차례

## 2부 여름과 겨울 사이

## 3부 가족과 인연을 돌아보며

## 4부 나와 사회를 돌아보며

차례

## 5부 장소를 이동하여

옹이가
봄꽃처럼 찬란하다

1부

# 봄과 여름 사이

춘분 아침

봄꽃시장

가재발선인장 꽃

봄비

봄 감기

잃어버린 봄

확진자

그대로 멈춰라

벚꽃 잔치

목단꽃이 피었어요

하얀 찔레꽃

오월 정원에서

빨간 양귀비

유월 개망초

여름이 온다네

그늘

채송화

공작선인장 꽃피다

# 춘분 아침

두꺼운 커튼 사이로
아침이 한결 빨리 찾아오면
낮과 밤이 키를 재는 날

창밖에선 가벼운 선율 타고
왈츠를 추던 하얀 눈꽃이
어느새 진눈깨비 되고
봄비 되더니
겨울과 봄의 아쉬운 해후

겨울은 고된 시련으로 세운 왕국을
봄의 여왕에게 넘겨주며
신신당부 인사가 길어지고

찬란한 봄의 여왕이 등극하는 날
춘분 아침엔
하얀 축하 꽃 천지에 흩날리더라

# 봄꽃시장

봄꽃보다 고운 사람꽃이
옹기종기 피어난 양지바른 농협 마당에
겨우내 칙칙하던 옷을 벗고
빨강, 노랑, 색스런 옷차림
이익금은 좋은 일에 쓴다고 생글생글
화사한 봄꽃이다

튤립, 후리자, 철쭉, 장미
우리 집 베란다에 초대받은 봄꽃들
봄꽃 따라온 부녀회원들 정겨운 수다 소리
따스한 봄날,
높은 우듬지에서 지저귀는
청아한 새소리 같다

# 가재발선인장 꽃

키우기가 까다롭지 않아서
큰 화분에도 금방 가득해지던 꽃
주어진 삶을 꿋꿋하게 살아내던
엄마를 많이 위로해 주던 꽃이다

엄마가 병상에서
힘겹게 생명줄을 잡고 있을 때도
집에 홀로 남아 응원을 보냈던 꽃
눈물보다 멋진 마지막 인사로
더욱 붉게 피워내던 꽃이다

다시, 봄은 오고
노란 수술에 붉은 꽃잎 달고
우리 집 베란다에 핀 가재발선인장 꽃
오늘도 엄마의 휠체어를 밀고
동네 한 바퀴 돌고 싶은 애잔한 꽃이다

# 봄비

병실 창밖에 물러설 공간조차 야속한
콘크리트 틈에서 참 기특하게도
자목련이 흐드러지게 피었다
목줄에 매인 강아지처럼 링거 수액을 달고
창밖만 바라보는데

별일이 없던 병실 어제와 오늘 사이
하루라는 의미로 꽃은 지고
종일 쉼 없이 내리는 봄비
자목련은 링거를 맞고
꽃이 진 자리에 초록 봄을 얹었다

꽃이 지는 일은 슬픈 일인 줄만 알았는데
봄비는 그렇게 너를 어루만져
떠나고 다시는 올 것 같지 않던
초록을 돌려주고 가는구나

꽃이 지는 일은 슬픈 일만이 아니라고
봄비는 그렇게 전해주고 간다

# 봄 감기

약봉지만 뒹굴고 있다
애꿎은 강아지만 끌어당기고
여름 같은 봄날이다
베란다 좁은 화단에서 기어다니는
달팽이처럼 하루가 길다
한나절 이불자락을 끌어당겨
지루한 봄 감기를 덮는다

TV를 켜본다
페루의 고산지대
안데스산맥의 아우상가테산은
맑은 물과 초원과 알파카를 키워
굳이, 불평하기도 전에
신처럼 인간을 먹이고 입히고 품는다

알파카를 돌보는 천진한 소녀는
무지갯빛 내일을 꿈꾸며
꽃처럼 화사한 색깔로 뜨개질을 하고

넓은 초원에 자리한 작은 움막집
웃음이 가득한 얼굴들
부부와 아이들 다섯 도합 일곱이다

참 많은 것을 누리면서도
두 식구 불평을 많이 하고 산다

# 잃어버린 봄

2020년 봄,
삼월 그리고 사월
봄은 왔으나, 꽃은 피었으나
부디, 봄꽃의 유혹을 외면하라고
노란 유채꽃밭은 갈아엎어지고
벚꽃길은 죄목도 없이 쇠줄로 묶이고
진달래꽃은 짝사랑에 열병을 앓고

전염력이 강한 신종 코로나바이러스 19
많은 사람이 어이없이 죽어가고
공포의 팬데믹 선언
사람과 사람 간의 간격 2m
사회적 거리 유지
침방울을 통한 감염통제 거리
마스크에 표정을 감추고
너와 나, 애써 대화가 없고
죽은 듯 조용한 거리
웃음은 사라지고 우울한 일상이다

벚꽃은 몸부림치다가 사그라지고
내일이 오면
또, 내일이 오면
희망처럼 오월 남풍이 불어온다

# 확진자

나는 외출이 금지된 죄인이로소이다

가슴에 주홍글씨를 달고, 외출허가를 받아 투표소로 갑니다

경칩이 지나도 봄바람은 여전히 시립니다

썰렁하고 허름한 뒷마당 야외 투표소에는 죄인처럼
숨죽인 자들, 누구도 감히 불평할 입이 없습니다

나는 분명 억울한 죄인이로소이다

보고 싶은 가족, 친지와 자주 만나 크게 웃어 보이지도
못하고, 가슴이 답답해지면 혼자서 들길을 걸었으며
집밥도 꼬박꼬박 세끼를 챙겨냈으며, 지루한 일상으로
심술이 나면, 꼭꼭 마스크를 잘 쓰고 나갔으며, 나도
나름대로 많이 많이 참고 살았소이다

나는 살아온 날들을 돌아보며
하얀 천정에다 붉은 죄목들을 낱낱이 세어
적어보고 있나이다

어쩜, 나는 억울한 죄인이 아닐지도 모릅니다
뻔뻔한 죄인일지도…

# 그대로 멈춰라

코로나 19. 재미있는 술래놀이
그대로 멈춰라

지금 즐겁게 춤을 추는 사람
그대로 멈춰라

지금 흥겹게 노래하는 사람
그대로 멈춰라

지금 큰 소리로 말하는 사람
그대로 멈춰라

지금은 침묵의 아침
희망의 해가 솟아오르는 아침까지
그대로 멈춰라

# 벚꽃 잔치

양재천 둑방길에 벚꽃이 흐드러져
잔치에 초대받은 사람들 신명이 났다

삼대가 모인 가족은 효도 나들이
아이들은 모처럼 아빠 손 잡고 생글생글
시간 많은 노부부는 한층 여유롭고
젊은 데이트족 얼굴이 화사해지고
모두 코로나 팬데믹으로
봄꽃을 즐기지 못했던 게 새삼 아쉬워
여기저기 찰칵찰칵

꽃길을 맘껏 거닐던 때는
꽃구경이 예삿일이더니
올봄에는 유난히 벚꽃길이 북적거린다

# 목단꽃이 피었어요

목단꽃이 피었어요
서둘러 놀러 오세요
혼자 보기 아깝다고 소식이 왔네요
무심한 줄 알았는데

올봄에도 나는,
목단꽃 사랑에 빠질 거예요
당신도 가까이서 한 번만 보게 된다면
단번에 사랑에 빠질 거예요

두 손 벌려 목단꽃을 안아본다면
당신 얼굴에 저절로 함박웃음이 핀다고
함박꽃이라고도 불러준대요

목단꽃이 피었어요
짓궂은 봄비가 앞장서기 전에
서둘러 놀러 오래요

# 하얀 찔레꽃

하얀 찔레꽃 곁에 나의 쿠키를 묻고 돌아와
짐승처럼 꺼이꺼이 울던 날도 있었지요

가재발선인장 분홍 꽃이 흐드러지게 피던
이른 봄날에 엄마를 보내고 돌아와
하염없이 꽃만 바라보며 흐느끼던 날도 있었지요

난, 아무것도 잊으려고 애쓰지 않았는데
모든 게 꿈처럼 아득한 일이 되어 버렸어요

바닷가를 거닐다가
산길을 거닐다가 마주한 하얀 찔레꽃
무심코 스치는 한 줄기 바람에
나의 사랑 쿠키는
벌써 잊힌 듯, 잊히지 않은 듯
내 곁을 따라오며 재롱을 부리네요

어디선가 날아온 벌, 나비는 풍경을 더하고
난, 슬프고 그리운 것들을 애써 잊지 않으려고요

# 오월 정원에서

이름도 귀여운 노란 애기똥풀꽃이
산들바람 따라 긴 줄지어 핀 오월 들길을 지나
소녀적 꿈을 이뤄내 행복한 예순여인의 정원에는
담장을 대신하여 수국 닮은 탐스러운 하얀 불두화가 피고
개울가에서나 봄직한 진노란 미나리아재비도 옹기종기 피고
서양 꽃잔디는 빨간 카펫을 깔아놓은 듯 반겨 피고
노란 꽃심 박은 하얀 목단꽃이 소담스럽게 피고
하양, 보라, 노랑, 파랑, 색스런 아이리스는
긴 목을 뽑아 키를 자랑삼아 피고
연보랏빛 수국은 미용실을 갓 나온 뽀글파마로 피고
키 작은 라일락은 키보단 향기를 더해 피고
장미는 아직은 이르다고 꽃망울을 수줍게 내밀고
옆에서 순서를 놓칠까 봐 초조한 작약꽃도
힘껏 봉오리를 부풀려 내밀어 보고 있다

이름을 다 모르는 꽃들이 가득한 오월 정원에서
땅을 허락받은 꽃들은 향기 품은 꽃을 피워 화답하고
한 여인이 이룬 꿈은 한 여인의 꿈이 아닌
모두의 희망이 되어 오월 하늘에 높이 펄럭인다

# 빨간 양귀비

간밤에 소나기 지난 하천 둑방길에
물기 머금은 생명들이 신나게 재잘거리는 오후
보랏빛 엉겅퀴, 하얀 개망초, 연분홍 메꽃…
노란 나비랑 벌들은 흥을 돋우고
무성한 초록 잡풀들 속에
고고한 빨간 양귀비는 어찌 여기 왔는가

살랑바람조차 간지러운 노란 유채꽃에는
작고 하얀 나비들이 찾아와 놀고
어쩌다 주황색 검은 점박이도 예쁘구나

맑은 물살을 거슬러 유영하던 오리 한 쌍
물을 박차고 날아오르다가
다시 내려앉아 한가로움을 더하고

마음대로 터를 잡고 제멋대로 핀 풀꽃들 속에
빨간 입술의 도시 여인처럼 매혹적인
어울리지 않는 듯
어울리는 외로운 빨간 양귀비
돌아와 누운 밤에 너를 애잔하게 그려본다

# 유월 개망초

개망초 핀 하얀 안길로 걸어 들어갑니다

그늘지고 잘 다듬어진 길을 떨치고
땡볕에 핀 하얀 개망초 굽은 안길을 걸어갑니다

작은 꽃이라고 향기가 없는 것은 아니지요
풀내음 담은 은근한 향기에 홀려
노란 나비, 하얀 나비, 작은 벌들
모두 흥겨워 춤을 추는 신이 난 꽃길입니다

멀리 빨간 옷을 입은 사람이 앞서 걸어갑니다
한가로운 뒷모습이 한 마리 나비처럼 어우러집니다

개망초 작은 꽃들은 나비가 그리워서 피고
사람들은 그 꽃길에서 한 마리 나비가 되고 싶은 겁니다

모든 그리워하는 것들은 그렇게 만나고야 말지요

# 여름이 온다네

유월, 한낮 열 오른 아스팔트길
나들이 가는 병아리처럼 설렌
노란 금계국이 들길 따라 피어나면
여름이 온다네

산들바람 휘도는 연못에선
물가에 발 담그고 선
노란 아이리스가 수줍게 반기고
사방이 초록인데
낯선 이방인 금계국이
나비처럼 노란 꽃잎을 나풀거리면
여름이 온다네

이제 좀 한국살이 익숙해진
이웃집 아낙의 환한 웃음을 보듯
뜨건 해 고향에 두고 온 금계국이
눈길마다 온통 지천으로 피어나면
여름이 온다네

# 그늘

나무들은 땡볕에
홀로 서 있는 듯하지만
서로 그늘이 되어 의지하고 산다

사람들은 시련 속에서
홀로 의연하게 맞서고 있는 듯하지만
서로 그늘이 되어 위로하고 산다

## 채송화

붉은 플라스틱 함지박에
알록달록 무지개 사탕을 담아놓은 듯
채송화가 가득하여 탐스럽다

쪼르르 달려 나가
읍내 장에 다녀오신 할머니를 반기듯
채송화꽃 앞에 다가앉았다

할머니의 장독대 돌 틈에도
해마다 어김없이
아침햇살 먹은 채송화가 피었었지

그림 속에 그려 넣고
거실 높은 데 걸어 놓았는데
할머니의 초상화처럼 내려다보고 있다

무지개 사탕을 빨고 있는 듯
단물이 사르르 발끝까지 녹아든다

# 공작선인장 꽃피다

이십 년을 키운 공작선인장이
단 한 번의 꽃을 피웠단다
누구든, 이 꽃을 한 번 보았으면 좋겠다

나는 참으로 행운인 것이
두 손바닥 펼칠 만큼
크고 붉은 공작선인장 꽃을
백 년 된 대들보를 훤히 드러나게
한옥을 개조한 단골 미용실 앞
골목길 양지쪽 키 큰 화분에서 보았다

평생에 이런 꽃을 보지 못하면
참으로 애석한 일일 것 같다

그러나, 세상은 공평한 건지
색깔이 화려한 꽃에는
도무지 향기를 허락하지 않았다

—

# 2부

—

## 여름과 겨울 사이

# 마른장마

옆 동네까지 왔다는 장맛비는
더운 바람만 앞서 보내 야속하게도
옥수수 마른 수염만 흔들고 갔다

요절한 영혼들 구천을 떠돌다가
해마다 유월이면 찾아와서
통곡으로 장맛비가 되고
천둥 번개 놀음하다가 돌아가곤 했는데,

올해는 세월호 어린 영혼들로 어이가 없는지
하늘에 시계가 고장이 났는지
금방이라도 펑펑 울 것 같은
침통한 표정으로 다가오다가
다시, 햇살 속으로 사라진다

뾰족한 장대 끝으로 저 검은 구름을
한 번만 콕 찌른다면

금방이라도 울음보가 터질 것 같은데,
언제쯤이면 이 옥수수밭에도
배불리 마실 물을 허락하실는지

# 단호박

한여름 땡볕에 서 있으면
금방 익어버릴 것 같은 폭염이다
금오이, 금상추, 금가지
푸성귀들이 밭에서 시들어 죽어간다

제때 목마름을 못 알아챈 농부 탓일까
참을성이 모자란 푸성귀 탓일까
뜨건 해만 내리쬐는 야속한 하늘 탓일까
지구 온난화를 일으키는 주범
인간이 생활방식을 바꾸고 반성하란다

스테인리스 칼을 대도 쉽게 속을 열지 않는
단단한 단호박을 손질하는데
어깨까지 들어간 힘, 윽윽 소리가 절로 난다
드디어 황금색 속살을 내보인 단호박
더위를 이겨보려는 속셈으로
더욱 단단한 껍질로 감싸고 있었구나

시련은 어떤 이에게는 단맛을 더하게 하고
이런 더위에 더 달큼해진 단호박이다

# 호접란

좋은 일이라고 보내 준 꽃
화무십일홍이라는 말이 무색하게
석 달 열흘 끊임없이 피어
기쁜 마음을 엿가락처럼 늘려내더니
잎사귀만 파릇하게 살아남았다

해를 넘겨 옛정을 끊지 못해
물 주고 따뜻한 눈길 주었더니
꽃대에서 곁가지를 뻗어 내고
마디마다 고운 꽃을 아담하게 피웠네

꽃처럼 고운 사람
두고두고 오래 보라고 이 꽃을 보냈는가

# 여름 매미

지루했던 장마가 끝나고
나뭇가지에 올라앉은 매미
밤낮을 쉬지 않고 울어대고

7년을 땅속에서 살다가
2주를 땅 위에서 산다지
네게 허락된 시간이 너무 짧아
더욱 소중해진 순간들

최선을 다하고 있지만
혹시라도 짝을 만나지 못할까,
삶의 끝자락이 보이는 듯
초조하고 애절하게 울어대고

찌는 삼복더위에
매미가 부르는 애절한 세레나데
내 가슴에 파고들고
너를 벗 삼아 이 더위를 이겨낸다

# 우리나라 꽃 무궁화여

따가운 한낮 여름햇살을
당당하게 마주하여
근엄하고 고귀한 귀품을 품고
분홍 하얀 소박하게 치장하고
활짝 웃는 무궁화여

노란 수술 쑥 내밀어 기개 높게 피다가
통째로 말아서 깔끔하게 지는 꽃
닥쳐온 시련도 침묵으로 이겨내
가지마다 끊임없이 피고 지고
근면한 나라꽃 무궁화여

우리나라 삼천리 금수강산
온 누리에 무궁화꽃 피고 지고
가슴에 뜨건 피 돌고 돌아
서로서로 나라사랑 더하고 싶은
우리나라 꽃 무궁화여

# 숲

오늘도
숲이 나에게 말을 건다
나무, 풀, 산새, 청설모, 산들바람…
모두 다가와 친구 하잔다
숲에는 친구가 하도 많아
오늘도
심심하지 않아 참 좋다

# 자작나무에게

상수리나무 숲속에 외로운 자작나무
눈부시게 하얀 비단옷 차려입고
차디찬 너의 고향 떠나오던 날

어떤 이가 너를 참으로 사모하여
이곳에 데리고 와서
기쁨으로 가득하였더라

상수리나무 숲의 영원한 이방인
네 수려한 모습 뒤에
사무친 그리움도 모르고
고향은 멀리 떠나 있을수록
그리움이 더하여 슬픔이 깊어진다지

이제, 이 숲을 네 고향이라 하여
상수리나무를 귀한 친구 삼아
긴긴 여름날도 외롭지 않기를 바란다

# 란蘭

동양란은 선비의 기품이 있다
향기가 은근한 듯 진하고
색이 요란하지 않다
키우기가 까다로워
별로 애착이 없으나
끈임없는 인연으로 산다

베란다에서 잘 피우던 꽃이
반가워 안으로 불러들이면
금방 시들고 말라버린다
다시, 수줍게 올라온 꽃대에서
향기가 피어나고
안으로 불러들일까, 베란다에 그냥 둘까,
적당한 거리로 지켜봐야 하는가

란을 키우는 일에도
불가근 불가원不可近 不可遠을
원칙으로 삼는다

## 빈 화분

올여름은 유난히 더웠다
더위에 지친 꽃들은
사명을 다했던지, 못했던지
가을을 즐길 명분을 찾지 못하고
가을이 오기 전에
카페 이층 베란다엔 빈 화분만 나란하다

전망 좋은 양지쪽에서
큰 키에 작은 잎을 달고
가는 목으로 휘청거리는 잡풀들이
이름표만 남은 빈 화분에서
귀여운 내 강아지처럼
꼬리를 흔들어 애교를 떤다

눈치 빠른 서풍이 제멋대로 채워놓은
이름 모를 잡풀들이
꽃보다 더 사랑스러운 모습으로
초가을 정취를 더하고 있다

# 고추잠자리에게

꼭꼭 숨어라
꼭꼭 숨어라
붉은 고추밭에 숨어라
비단 망토
붉은 노을에 젖어 토라질라

꼭꼭 숨어라
꼭꼭 숨어라
고운 단풍잎에 숨어라
붉은 옷자락
힘센 술래에게 잡혀 찢길라

꼭꼭 숨어라
꼭꼭 숨어라
붉은 고추밭에 숨어라
고운 단풍잎에 숨어라
우리 손자
작은 손에 함부로 잡힐라

# 붉은 수수꽃

붉은 수수꽃이 큰 키를 휘청이면
고향이 아니어도
너로 하여 고향인 듯이
따사롭고 정겨운 가을날이다

올 여름 지독했던 더위를 참아내고
촘촘히 붉은 알이 영글었으니
농부는 네가 참으로 기특하여
한 톨도 새에게는 허락하지 못하고
햇살만 다녀가라고
푸른 망으로 가두었더라

어느 날, 모가지가 댕강 잘려나가고
큰 키에 뼈만 앙상하여
슬픈 건지, 떳떳한 건지
나는 홀로 너를 보며
순교자의 삶을 떠올려 본다

첫돌 잔칫상에 올라앉아
모든 액운 막아주는 붉은 수수팥떡
덕분에 잘 자라고 있는 손주들에게
모가지가 길고 키가 큰
붉은 수수꽃 사연을 전해 주고 싶다

# 가을이다

아, 황홀한 가을이다
갈대숲은 노을이 내려앉은 바다
황금물결을 헤집고 항해 중이다
하얀 파도를 타고 재잘거리는
억새밭 사이로 작은 새들이 숨어들고

낯설지 않게 가까이 다가와
콧속부터 마법을 거는
노란 국화꽃 쌉쌀한 향기는
오랜 친구처럼 다정하게 말을 걸고

단풍보다 더 고운 붉은 감을
꽃등처럼 매달고 밤낮을 밝혀
홀로 익어가는 붉은 감나무
입안에 단맛이 넘치게 고이고
아, 찬란한 가을이다

# 까치와 감나무

아파트 앞뜰에 붉은 감을 매달고
아침햇살 맞으며 익어가는 감나무
아이들은 재잘재잘 학교 가는 길
부지런한 까치들은 벌써 꾹꾹 꾹꾹
내어줄 것이 있어서 뿌듯한 아침이다

고향집 뒤뜰에 붉은 감을 넉넉히 달고
아들네 식구들 기다리는 늙은 어미는
높은 가지엔 까치 몫을 남기고
튼실한 것만 차곡차곡 단지에 담아놓고
내어줄 것이 있어서 흡족한 마음이다

## 낙엽에게

낙엽을 밟으며
혼자 생각에 빠져 걷다가 보면
문득 발밑에 따라오는 소리
바스락 바스락
바스락거리다가 그냥 으스러진다

떨어진 가랑잎 모두
흙속에 고이 섞어
새봄에 쓸 거름이 되어라
새싹 키울 봄비가 되어라

거름과 봄비로
더 풍성한 숲을 이루면
다시 눈부시게 빛나는
가을 햇살을 밟으며
봄부터 가을까지 지난한
너의 수고를 기억하리라

# 동백꽃을 그린다

처음엔 흑백의 절제된 아름다움에 빠져 사물이 온통 흑백으로만 묘사되는 것에 기쁨이 닿았는데 어느 날부터 색을 조금씩 덧칠하다 진해지더니 색은 점점 더 진해지고, 화장이 진해지는 여인이 스스로 색에 빠져들기를 자각하지 못하듯, 그림에 색이 더해지고, 색을 칠하고 있으니 시름은 사라지고, 그림 속 원시적인 색감은 눈에서 머리까지 온 몸속 혈액을 타고 한 바퀴 돌아 나오는 순간에 색에 빠져 색을 캔버스에 토해 내며 색을 즐기고 있으면 원초적인 즐거움이라니, 나는 지금 흑백의 세상에서 나와 붉은 물감을 찍어 동백꽃을 그린다.

# 전등사 붉은 소나무

천년 고찰을 병풍처럼 둘러치고
자비로운 새벽을 여는 붉은 소나무
푸른 가지는 자유로운 듯하나
무례하게 격을 벗어나지 않고

매사에 지나치지 않는 성품
봄부터 겨울까지 옷 한 벌로
시린 북풍을 막아 서 지켜주는
너의 수고에 보답하려는가,
뒷산 청매화,
홍매화 앞장서 봄을 열고

봄부터 겨울까지 일편단심
정족산 속살이 붉은 소나무는
너른 품으로 천년을 지켜내고

# 풀꽃

풀은 초록이고
초록은 생명이다

한겨울 하얀 눈을 덮고
초록이 생명을 꼭 껴안고 있다

찬바람을 이겨낸 강인한 풀은
맨 먼저 봄을 맞아 꽃을 피운다

영악한 계산 없이도
임무에 충실하게
작지만, 많은 꽃을 피워낸다

출산율이 줄어드는 요즈음
작은 풀꽃이 하찮아 보이다가
문득, 아주 위대해 보인다

# 옹이가 봄꽃처럼 찬란하다

겨울, 나무들은 오직 맨몸으로
시린 바람 앞에 마주 선다
수줍은 듯, 당당하게
안으로만 품던 옹이가
환하게 드러나 봄꽃처럼 찬란하다

지난봄, 우듬지에 톱질을 강요당했던 일
여름, 광풍에 가지가 찢기던 아픔
피와 진물이 흐르던 상처에
수많은 눈물로 새살을 돋우고
겨울나무, 옹이가 봄꽃처럼 찬란하다

누구나 돌아보면 어이없이
큰 시련에 직면했던 때도 있었지
눈물이 마르고
다시 일어선 그 자리에 피어난
옹이가 봄꽃처럼 찬란하다

## 3부

# 가족과 인연을 돌아보며

가족사진

갯벌에서

묘목상 앞에서

마라톤은 꽃이다

하늘은 땅이다

고향집

바다는

방패연

비단목어

벽시계

길고양이

낚시터가 있는 풍경

증명사진

남은 시간

인연이 끝나면

마지막 여행

키 큰 조명등을 바라보며

# 가족사진

아들네 식구는 넷이고
딸네 식구도 넷이다
애초 두 식구로 살기 시작해서
얼마 전까지 우리 집에도 넷이 살았고
요즘, 우리 집엔 두 식구가 산다

내 그림이 전시회를 열고
내 아이들은 제 아이들을 데리고 와
조용하던 전시장 안이 북적거린다

햇살도 가볍게 옷을 차려입은 날에
전시장 옆 찻집에 둘러앉고 보니
유리창 넘어 전시장 앞마당에는
플라타너스 연둣빛 잎사귀 팔랑거리고
오늘은 열 식구 되어 가족사진을 찍었다

# 갯벌에서

아기 속살처럼 보드라운
맨발의 감촉은 어머니 뱃속 같은
까마득한 그리움인가
산란한 마음 안온해진다

여섯 살 손자는
진흙 벌에 주저앉아
어머니 뱃속 같은 평온을 만끽하다가
타임머신을 타고
작은 게의 등에 업혀 갯벌 속을 헤집고
조개와 소라의
아득한 나라로 들어가 버렸다

# 묘목상 앞에서

봄비가 그치고, 초록을 잉태한 묘목들이 가슴에 이름표를 달고, 굵은 글씨로 쓴 공약을 목에 걸고 줄줄이 서서 오늘 읍내 장에서 꼭 뽑히기를 기다리고 서 있다. 전교 회장 출마해 떨어져 낙담하고 있다는 외손자를 보는 듯해 묘목을 바라보는 내 마음이 씁쓸하다.

복숭아나무, 사과나무, 매실나무, 단감나무, 배나무, 대추나무, 포도나무, 밤나무, 벚나무, 오동나무, 앵두나무, 살구나무, 블루베리, 아로니아, 목백일홍, 목련, 철쭉, 장미, 개나리, 목단, 작약…

저마다 아직 잎을 매달지 않았으니, 나무의 자기소개서와 공약을 잘 살피고 믿고 사야 한다. 과일나무와 꽃나무는 제각기 매달릴 열매와 필 꽃을 사진으로 찍어 목에 걸고 있다.

허리가 구부정한 할아버지는 단감나무 하나를 꼭 뽑아 들고 터미널로 향한다. 손자가 아삭거리는 단감을 잘 먹었나 보다. 떨어진 꽃으로는 꽃목걸이를 엮어 귀여운 손녀에게 걸어줄 셈인가 보다.

외손자는 웃는 얼굴로 명함판 사진을 찍어 벽보를 부치고, 연설문도 잘 준비했다며 실망이 크다. 며칠 뒤 외손자는 학급회장에 뽑혔다고, 다시 웃어 보였다.

장날은 지났지만, 설레는 봄날을 맞아 읍내는 북적거렸고 줄줄이 서 있던 묘목상에도 서 있는 묘목이 별로 많지 않았다.

# 마라톤은 꽃이다

출발선에 선 사람들
꽃이다
제각각 피어난 싱싱한 홑꽃이다

반환점을 돌아오는 사람들
꽃이다
조금은 시든 듯하지만
물 한 병 마시고
다시 피어난다

종착점에서
환호하며 맞아주는 사람들
꽃이다
함께 피어 아름다운 겹꽃이다

어려서 밥을 잘 안 먹던 아들은
장가들어 가정을 이루더니

하프 마라톤에 참석했다며
인증사진을 보내왔다
꽃이다
한 아름 받아 안은 꽃다발이다

# 하늘은 땅이다

절대자는 하늘에 계시고
죽은 자들의 영혼도 하늘에서 산다

내 엄마도 하늘에 산다
엄마가 보고 싶으면 하늘을 본다

하늘은 위대한 땅이다

살아서 지은 죄를 다 용서하고
육신을 흔쾌히 받아주는 땅
그 영혼을 받아주는 하늘

땅은 하늘이고, 하늘은 땅이다

# 고향집

내 남은 생에 돌아보는 요람의 추억이여
아침 햇살엔 호박꽃이 반기고
감자꽃, 오이꽃, 가지꽃, 텃밭에 가득
작은 벌, 하얀 나비들 놀러오곤 했지
어스름 저녁 지붕 위에 하얀 박꽃
아버지의 매캐한 모깃불
멍석에 누워 별을 세던 여름밤이여
은하수가 흐르고, 북두칠성도 찾아내고
오디를 따먹던 검은 손, 검은 입술로 마주 웃던
서울로 식모살이 떠난 옆집 경애는
고단한 서울살이 이겨내고
비바람 막아줄 튼실한 둥지는 지었는지

# 바다는

바다는 하루 종일 바쁘다
세상 모든 시름 다 삼키고
정제시켜 토해내고 있느라

멀리 수평선을 바라보고 있노라면
바다는 늘 침묵으로 위로한다
조용한 언어로
항상 내 편에 섰던 아버지처럼

# 방패연

설렘으로 숨을 고른 순간
방패연이 중심을 잡고 떠오르더니
힘차게 수직으로 날아올랐다

방패연은 시야에서
낯선 별처럼 아득히 멀어지고
아버지의 얼굴에 흐뭇한 미소가 보였다

하늘을 가로질러 낮게 떠올라
곁에서 날던 내 가오리연은
연신 꼬리를 흔들며 시샘을 하듯
안간힘으로 날아올랐으나
별이 되기에는 아직 어렸다

아버지는 추수가 끝난 들판에서
이루지 못한 소년의 꿈과
어설픈 농사꾼의 고단함을
방패연에 실어서 날려 보낸 것일까

# 비단목어

목어는 비단잉어의 화신인가,
거친 물살을 역류하여
찢어지고 상처투성이가 되어
등용문을 통과한 잉어는
산란을 마치고 승천하여
여의주를 물고 비단목어가 된다

요양병원 앞 연못 속에서
연꽃처럼 피어오른 비단잉어는
잔잔한 수면을 크게 흔들어
무심하던 엄마를 웃게 했다
그날처럼 비단잉어의 추억은
요양병원 앞뜰을 맴돌아 촉촉하다

벚꽃 흐드러진 사월 봄날
제 속을 다 드러낸 후에야
깊고 맑은소리로 중생을 깨우치는

절간에 매달린 비단목어
엄마의 내어주던 삶을 돌아본다

# 벽시계

벽시계는 내 삶의 감독관이다
나는 감독관의 지휘에 따라 하루를 산다
무언의 명령을 내리면
나는 불평 없이 순종한다

매일 아침 기상을 강요하고
모든 하루를 통제한다
고집 센 나를 다스리는 유일한 존재는
거실 벽에 바짝 달라붙어 내려다보며
엄하게 호령하는 벽시계이다

그가 예고 없이 파업이라도 하는 날은
어김없이 내 일상은 엉망으로 뒤엉키고 만다
벽시계는 때로 자상한 감독관인 듯
자유로운 선택권을 허락하지만
사실은 지독히도 휴식을 불허하는 폭군이다

게으름을 피워 빈둥거리기라도 하는 날은
여지없이 죄책감이란 놈을 불러 매질을 한다

언제나 바른길로 인도하는
우리 집 벽시계를 감독관으로 모시고
오늘도 순명하며 산다

# 길고양이

후드득 휙-
목을 잔뜩 움츠리고
어스름 골목길 모퉁이를 돌아가는데
쓰레기통을 뒤지던
검은 길고양이
겁에 질려 줄행랑을 친다
하필이면, 의도하지 않은 그 찰나에
나는, 너를 만났는가

한 줄기 훅-
미안한 마음이 찬바람으로 파고든다
나로 하여금
오늘 같은 시린 밤에 굶지는 않을지
하필이면, 의도하지 않은 그 찰나에
나는, 그 길을 들어섰는가

# 낚시터가 있는 풍경

뭉게구름 아래로
노을 내려앉은 낚시터에
한적한 오후

아직은 반소매에
스쳐오는 선선한 바람조차
은빛 호수 위에 머물고

멀리 오색 텐트 속에
가족나들이를 나온
행복한 웃음이 가득하고

드리운 낚싯대는 건성이고
풍경만 낚아 갈 참인가 보다

# 증명사진

나는 사진 찍기를 싫어한다
세상은 내가 잘살고 있음을
증명해 보란 듯이
최근에 찍은 행복한 증명사진을
가끔 내게 요구한다

이미 주름은 깊어지고
날마다 거울 앞에 마주하지만
애써 외면하고 싶은 낯선 얼굴이다

서랍 한편에 넣어두었던
몇 년 전 증명사진을 꺼내보는데
돌아보면 저만치 멀어진 세월
오늘은 증명사진 한 장 찍어 둘까
예쁜 꽃은 아닐 테지만,
활짝 핀 얼굴로

언젠가 작별 인사 하는 날엔
조금은 더 젊은 얼굴로
그대들이 있어 행복하게 살았노라고
활짝 웃어주어야 하지 않겠는가

# 남은 시간

시간이라는 것이 유한하여
아쉬울 때가 많다
우리 집 늙은 마님이 된 쿠키
함께 할 시간이 얼마 남지 않았다는
예고가 있던 날
믿다가 말다가
널 쓰다듬고 사랑한다고 전한다

엄마의 시한부 삶이 통지된 날도
이처럼 허망하여
맛있는 것 많이 먹을 시간도 없이
가고 싶은 곳을 같이 갈 시간도 없이
예고 받은 남은 시간들
믿다가 말다가
남는 것은 후회라는 단어뿐이다

진작 함께 해 보지 못한 시간들
사랑하기에 모자란 시간들

남은 시간이 아쉬운데
'사랑한다. 사랑한다.'
머릿속에서만 맴돌고 있다

## 인연이 끝나면

주인님의 선택을 받아
한집에 같이 잘 살다가도
인연이 다하면
합당한 이유가 아니더라도
주인님은 일방적으로 퇴출을 명령한다

우리 집 베란다에는
십 년 넘게 잘 버티고 사는 야자수
큰 키를 잘라낸 행운목
좋은 일에 보낸 란 화분들
이름이 궁금했던 작은 다육식물들
오래 쓰지 않은 빛바랜 피크닉 바구니
자주 쓰지 않는 오랜 그릇들
버리기 아까워 세워놓은 고장 난 조명등
노랗게 잘 익은 오래된 인삼주
모두 제 운명을 알지 못한 채
변덕쟁이 주군을 모시고 사는
순진한 백성들이다

언제인지 모르지만
절대자의 단호한 부름이 있는 날
나도 일방적으로
퇴출 명령을 받게 될 것이다

# 마지막 여행

아침부터 주인님은 분주하다
무슨 좋은 일이 있으려나
돼지들은 아침밥을 잘 먹고
높은 이층 트럭에 올라 소풍을 간다

신작로까지 따라 나온 해님도
잘 다녀오라고 손을 흔든다

들뜬 기분에 꽥꽥 소리를 지르며
노래도 불러본다
주인님은 악세레타를 더 세게 밟고
가로수는 서너 그루씩 겹쳐 흔들리고
멀미하는 소리 가득하다

잠시 두려움에 어지러워
크게 소리 내어 울어보는데
주인님은 연신 악세레타만 밟고 있다

길가에 서서 안쓰럽게 바라보는 아주머니
우리 여행의 끝을 아는지

우리는 어디로 가고 있는가

# 키 큰 조명등을 바라보며

우리 집 베란다에 서 있는
오래된 조명등 셋이
이십 년은 훌쩍 넘은 세월을
나를 따라 이사 다닌다

거실 귀퉁이에 조용히 서서
은근하게 밝혀주던 조명등
사랑에도 유효기간이 있다지

소임을 다하고 퇴출을 기다리는
먼지 쌓인 키 큰 조명등을 바라보며
스치고 간 인연들을 추억해 본다

—

## 4부

—

# 나와 사회를 돌아보며

# 맨발 걷기

붉은 황톳길을 맨발로 걸으면
먼 이야기 속으로 들어가는 것 같다
아기가 태어나면 대문 앞에
양쪽으로 줄지어 쌓아놓고
악귀가 못 들어오게 하던 붉은 황토

성스러운 흙이 몸속의 악귀를 쫓아내는지
유행병처럼 번져 믿거나 말거나
너도, 나도 맨발 걷기에 열중이다
몸에 병명 하나 없는 사람이 없을 테니
효력이야 있든지, 없든지
순례자처럼 따라서 걸어본다

# 단추

앞섶 여미어 바람을 닫는다
갈라진 틈새로 삐죽 머리 내민
새싹처럼 어여쁜 단추 하나

# 손만 뻗치면

손만 뻗치면
단지, 손만 뻗친다면
내가 사는 세상이 지금보다 조금은
더 넓어질 수 있을 텐데
나를 소외시키는 건
네가 아니고, 나라는 걸 알게 될 텐데

키 큰 느티나무 아래 빈 의자는
손을 내밀어 쉬었다 가라 하고
종일 울리지 않는 휴대폰엔
손을 뻗치면 받아 줄 친구가 있고
새소리, 물소리 귀 기울이면
정답게 놀아줄 친구가 되어주고
나이 들어 근육이 줄어들듯
내가 사는 세상도 점점 움츠러들고

용기를 내어 손만 뻗치면
내게 내민 손을 잡을 수 있다고
시큰거리는 왼 무릎을 달래
가파른 계단을 천천히 오른다

# 분수도 모르고 산다

배앓이가 심해
링거줄에 한 팔을 묶이고 나니
날기는커녕, 걷기도 자유롭지 못하고

분수도 모르고
일상에서 탈출하고 싶던 날들
늪에 빠져 허우적이다가
날개가 젖어버린 오리 신세 같다

분수도 모르고
물 위를 미끄러지듯 유영할 때는
날개만 좀 크다면
못 가볼 곳이 없다고 생각했는데
열을 떨어뜨리자고 빈속에
독한 항생제만 넣으니
죽이라도 먹어보려 하니, 식욕은커녕,
머리와 따로 노는 몸이 짜증스럽고
잃어버린 일상으로 돌아가고 싶다

분수도 모르고
지루한 일상 탈출구 밖에는
파랑새만 살고 있는 줄 알았지
많은 시행착오를 하고도
아직도 분수를 모르고 산다

# 일체유심조一切唯心造

"네 이웃을 네 몸처럼 사랑하라."
"일곱 번씩 일흔 번이라도 용서하라."
"매사에 감사하라."
"내일 일은 오늘 걱정하지 말라."
내가 실천하려고 애쓰는 성경 말씀들이다

허나, 살다가 다스려지지 않는 번뇌와 시련

글자에 생명을 불어넣는 캘리그라프
글귀는 생명을 품는다

"일체유심조"
화엄경에 있는 말씀이란다

그렇지
모든 일은 마음먹기 달렸지
감사, 사랑, 만족, 불만, 미움, 원망, 행복…

"일체유심조"
나를 품고
나는 그 속에서 살으련다

## 험담

남의 허물은 잘 보인다
한 발 물러서면 제 것도 보이는데,
그 사람 나쁘다는 말 듣고 있으면
내 안에 있는 저울이 보내는 신호
너는 그러지 말라고 당부한다

듣고 듣다가 할 말이 없어
기껏 딴청을 부려
그 옷이 잘 어울린다고 말해보는데,
어쩌다 정신 줄을 놓는 날은
고장 난 내 저울이 신호를 못 보내고
덩달아 신이 나게 험담하고 만다

# 내 친구는

내 친구는 나보다 조금만 더 아는 게 많았으면 좋겠다.
궁금한 일이 생기면 금방 답해 줄 수 있으니까,

내 친구는 나보다 조금만 더 시간이 많았으면 좋겠다.
불현듯 만나고자 하면 금방 나와 만날 수 있으니까,

내 친구는 나보다 조금만 더 잘 웃었으면 좋겠다.
웃음 바이러스는 감염이 되어도 두렵지 않으니까,

내 친구는 나보다 조금만 더 천천히 걸었으면 좋겠다.
새소리에 멈추고, 풀꽃에게도 말을 걸고 싶으니까,

내 친구는 나보다 조금만 더 말이 많았으면 좋겠다.
내가 하는 일에 잘했다고 아낌없이 말해 주니까,

내 친구는 나보다 조금만 더 용기가 많았으면 좋겠다.
새로운 세상으로 함께 도전하고 싶으니까,

내 친구는 나보다 조금만 더 오래 살았으면 좋겠다.
한 명쯤 슬피 울어줄 친구가 있었으면 하니까,

# 집

누구에게나 집은 안전한 요새
집 밖은 위험한 정글
잘 살피지 않으면 늪에 빠지거나
맹수의 먹이가 되고
정글은 새로운 멋진 세상
용기를 내어 찾아 나서면
사랑도 보물도 거기 있다

요새에 든든한 둥지를 튼
황금알을 낳는 거위는
안온한 둥지에서
새로운 세상을 꿈꾸고
용기를 얻고
힘을 키우고
몸집을 키워
빛나는 황금알을 품고
눈부신 아침 정글로 나선다

# 요양병원

예고 없이 병이 찾아와
요양병원에 갇힌 시누님
본의 아니게
가족과 이별 아닌 이별을 하고
병마와 외롭게 싸워야 하는
요구하지도 않은
지루한 시간을 할당 받았다

출구가 없는 감옥이랄까
누구든 갇히면 운명에 순종하고
탈출할 문이 열릴 때까지
최대한 열심히 살아내야 한다
억울하지만, 병명이 곧 죄목이 되고
가족의 면회가 제한된다

안타깝기도 하고
송구하기도 하고
우리의 앞날을 보는 듯도 하다

# 타이거 우즈의 귀환

우즈는 골프 황제의 자리로 귀환했다
그것은 많은 팬의 바람이었고,
그에게 시련을 이겨낼 수 있는 힘이 되었다

많은 팬들은 우즈를 통하여
역경을 이겨낸 승리자의 얼굴을 보고 싶어 했고,
누구든지 노력한다면 시련을 이겨낼 수 있다는
신념이 증명되기를 간절히 원했다

정상에 선 우즈의 삶은 피폐해지고, 가정마저
파괴되었지만, 아무도 그의 과거를 탓하지 않고
그의 인간적인 고뇌를 이해하며 더욱 사랑했다

우즈는 예전 같지는 않지만, 우리는 다시 그를
황제의 자리에 올려놓고, 돌아온 모습에 박수를 보냈다
고난을 극복한 한 인간의 승리이며,
한 아이의 아빠로서 승리이며, 지켜보는 모두 승리자가
되었다

정상에 서서 쉽게 오만에 빠지던 한 인간이
강인하게 고난을 극복해 나가는 과정을 통해
이해와 사랑이야말로 삶에 희망을 주고
그 희망은 삶에 가장 큰 원동력이라고 말해 주었다

# 일어선 소녀상

TV에서 단발머리 청동 소녀상이
굵은 빗속에서 눈물을 흘리며 서 있다

가슴 가득한 붉은 응어리 토해내지 못하고
분노를 삭이지 못해 벌떡 일어난
소녀의 모습이 애처롭다

가해자 입장에서는 대수롭지 않은 일이
피해자는 가슴에 움막 하나 짓고
평생을 웅크린 죄인처럼 갇힌 세월
어찌 그 꿈 많던 소녀가 속죄해야 하는 걸까

신이 주신 원죄인가
가해자는 궁색한 변명조차 말이 없다
그 소녀를 만나 꼭 안아주면 가슴에 가득한
붉은 피멍울이 녹아내릴까

그 소녀는 피눈물을 다 쏟아내고
아프지 않은 맑은 영혼이 되어
이제는 눈물은 흘리지 않아도 된다고 말할는지

나, 그 서 있는 소녀상을 만나는 날에
가슴 으스러지게 그녀를 안아 주리라

# 하늘나라 우체통

빨간 하늘나라 우체통에는
눈물로 이별한 편지가 수북하다

수학여행 떠난 딸아이에게
용돈 많이 못 챙겨준 게 미안하고
좋아하던 피자, 치킨 많이 못 사준 것 아프고
공부하라고 윽박지르고
많이 놀게 못 한 것 미안하고
작년 생일에 갖고 싶은 핸드폰 못 사준 것 서럽고
잘 해주지 못했던 것 하도 많아서
아프고 또 아픈 기막힌 사연들

속죄하는 어미의 애절한 통곡은
쌍무지개로 피어 화답하고
아픈 사연 위로받은
팽목항 앞바다 천사들의 합창은
파도소리조차 구슬픈 가락이다

빨간 하늘나라 우체통은
기약 없는 답장을 하염없이 기다리고
온종일 바다만 바라보다가, 바라보다가
붉은 피눈물 훔치며 서럽게 서 있다

## 모기 소탕 작전

에쿠! 가렵다. 팔꿈치, 허벅지, 목덜미
모기가 들었나? 서둘러 불을 켰다
톡톡 불거진 피부에 약을 바르고
하얀 벽에 하얀 천정을 조심스레 살핀다
모기를 찾아볼 요량으로

다시, 잠을 청해 본다
또, 가렵다. 불을 켰다
하얀 벽에 하얀 천장
검은 모기는 보이지 않는다
나랑 숨바꼭질을 해 보자는 거다
커튼을 걷어보고 이불을 털어보고
흔적도 없이 숨었다

다시, 잠을 청해 본다
또, 근질거린다
하얀 벽에 하얀 천장
없다. 그 순간 침대 모서리 하얀 시트 끄트머리

절묘하고 얌전하게 앉아있다
퍽! 잽싸게 손바닥을 날렸다
흥건한 붉은 피, 분명 내 피다

오늘 밤 포식을 하고 행복한 미소를 지었겠지
마지막 만찬이 될 줄이야
적당히 채웠으면 목숨 줄은 유지했을 텐데
복수의 쾌감으로 남은 잠을 청해 본다

# 모기 소리만 한 잔소리 1

사람들은 잔소리를 듣기 싫어한다
나도 잔소리를 듣기 싫어한다

남에게 받고 싶은 대로
남에게 행하라지만,
잔소리가 없는 세상이 바뀔 수 있을까

모기 소리만 한 잔소리가 하고 싶다

몸은 물론 깨끗이 닦고
얼굴에 화장도 잘 지우고
머리도 꼭 감고
대중탕에 들어왔으면 참 좋겠다

# 모기 소리만 한 잔소리 2

이치엔 안 맞지만 나는
시동생을 삼촌이라 부른다
지금은 육십이 훨씬 넘었는데,
아직도 담배를 못 끊어 동서의 불만이 많다

남자건 여자건 앳된 애들이
담배 피우는 모습을 보면 가슴이 먹먹하다
부모가 되면 끊으려나
혹시, 못 끊어서 아내를 속상하게 하려나

그들의 행복한 미래를 위해
모기 소리만 한 잔소리를 하고 싶다

"얘들아, 담배 끊어라."

# 빛의 소나타

밤이 어두울수록 빛은 찬란하다
어릴 적 멍석에 누워 바라보던 초저녁 밤하늘엔
계수나무와 토끼 두 마리가 사는 둥근 보름달
견우와 직녀가 애달프게 바라보던 은하수
유난히 빛나는 북극성과 국자 모양의 북두칠성
수많은 작은 별이 있어 밤은 기다려졌다

하늘은 점점 흐려지고 별도 사라지고
인간은 인공의 빛을 검은 숲에 쏘아
현실보다 더 선명한 영상으로 밤에 마술을 건다
빛은 거대한 숲을 오페라의 무대로 삼고
유령처럼 소나타의 선율을 타고 흐느적거리다가
발레리나가 되기도 하고
환상적인 꽃밭이 되기도 하고
뿔이 큰 꽃사슴이 뛰어놀기도 하고
바다 속에서 대왕고래가 유영하기도 한다

실체는 없이 빛으로 만들어 내는 마술이다

땅은 갑자기 울룩불룩 움직이고
켜켜로 쌓인 단층이 올라가기도 내려가기도 하며
빛은 상상과 현실을 넘어 형형색색으로 사로잡는다

인간이 만든 별은 밤을 더 화려하게 꾸며주지만
어릴 적 가슴 뛰던 밤하늘
그 잔잔한 감동은 오래 살아있다

# 괜찮아

청소년 축구 대표 4강전 중계방송
아쉬운 마음을 안고
3·4위전까지 관심을 가졌는데
그만, 또 지고 말았다

꼭 이겨서 웃어 보이겠다는 다짐에
고개를 들지 못하는 선수들에게
응원하던 관중석에서 지른 함성은
뜻밖에도
'괜찮아!' '괜찮아!'

최선을 다했으니 괜찮아
미안해하지 않아도 돼
다음에 더 잘할 수 있어
너를 믿어
너를 탓하지 않아
나도 해준 게 없어 미안해

위대한 관중은 위대한 선수를 만들고
가끔은 나도 애국자로 산다

# 5부

## 장소를 이동하여

혈구산 정상에서

혈구산 산책로에서

강화도령 첫사랑 길

화개산에 올라

일산 호수공원에서

국화호수에서

흥부네 제비집

동검도에서

분당 율동공원에서

함덕 해수욕장에서

뽕끄랑 까페에서

나이아가라 폭포 앞에서

완 달라 아이들

말레이시아에서

굿모닝, 마문!

# 혈구산 정상에서

진달래꽃이 부른 화창한 사월 아침
하얗게 흐드러진 벚꽃 길을 달리니
저절로 흥얼거려지고
혹시, 오늘은 정상까지 오를 수 있는
행운이라도 오지 않을까
일행 중에 누가 반란을 일으키면
그것도 무산되기 일쑤이니까

오르다가 쉬다가, 또, 오르다가 쉬다가
진달래꽃에 홀려 찰칵거리다가
올라온 수고를 잠시 잊어버리고
다시, 오르고, 또, 오르고
태산도 오른다는데

한참을 진달래꽃에 홀려 오르다가
역경 속에서 다시 일어선
등이 굽은 멋진 소나무를 칭송하다가
모처럼 심장이 헐떡이는 쾌감도 느껴보다가

진달래꽃에 홀려
여기는 해발 466m 혈구산 정상
스스로 장하게 트로피를 들어 올리듯
팔을 뻗어 하늘을 찌를 듯
세상을 다 얻은 듯이 찰칵

이제부터는 겸손하게 발끝만 보고
내려가야 하는 하산길이다

# 혈구산 산책로에서

내 아침이 바빠지는 이유는, 한 잔의 커피를 마시며, 찬찬히 창밖을 내다보는 시간을 갖기 위함이다.

우리 집 베란다에서는 혈구산穴口山의 사계절을 볼 수 있어 참 좋다. 나는 집을 구할 때, 먼저 전망을 보고 고를 때가 많아, 내가 살았던 집들은 비교적 전망이 좋았던 것 같다.

드디어 커피 향이 심장을 통과하여 머릿속에 다다르니, 비로소 혈구산의 아침 햇살이 나를 유혹하고 있음을 알아차렸다. 간단히 물병을 챙기고, 우리 집 늙은 마님을 깨워 혈구산 꽃구경을 나가기로 했다. 혈구산에는 강화도령이 양순이와 사랑을 나눴다고 전하는 이야기 길이 있어 산책의 재미를 더한다.

엊그제 생강나무 노란 꽃이 봄의 서막을 알리더니, 어느새 산 끝자락부터 진달래가 만발하여 온통 분홍색 범벅이 되었다. 나는 온 산을 무대로 펼쳐지는 진달래의 향연에 빠져 연신 환호성을 질러댔다.

숨을 고를 정도의 낮은 능선을 오르는데, 우리 집 마님 벌써 헐떡댄다. 마님은 40일 된 강아지로 와서 어언 13년을 한집에 같이 살았으니 식구가 되었다. 세월을 앞서가 먼저 늙은 마님이 되었으나, 기꺼이 네 돌보미가 되어 여생을 돌보리라. 젊은 날 네가 준 재롱으로 위로를 많이 받았으니, 이제는 이자 붙여 갚아야지. 네가 앞 못 본 세월을 생각하면 가슴이 먹먹하구나. 네 생사여탈권을 내가 쥐고 있으니, 나는 항상 권한보다 의무감으로 마음이 무겁구나.

마님은 심장이 조금씩 고장이 나고, 약을 챙겨 먹이지 않으면 가래가 숨구멍을 막고 그르렁 소리를 낸다. 그 소리는 우리의 이별을 예고하는 비수로 꽂혀 날 슬프게 한다.

나는 꽃을 좋아하니, 가끔 꽃길을 걷고 있으면, 이곳이 천국이 아닐까 하는 생각을 해 본다.

이 길은 '강화도령 첫사랑 길'이라고 부른다.

원범이와 양순이 사랑을 속삭이던 길이란다. 그때에도 진달래는 여기저기 피고, 둘의 마음을 열어주었으리라. 등 뒤에선 산새가 지저귀고 있었으리라.

강화도령이 첫사랑을 속삭이던 벤치에 앉아 잠시 쉬었다가 목을 축이고, 다시 가던 길을 재촉했다.

하늘로 향한 앙상한 상수리나무 물오른 가지에서 톡톡 새잎 움트는 소리가 들리는 듯하다. 머지않아 연둣빛 어린잎 햇살에 눈부시게 빛나고, 숲을 이루기 시작하겠지.

산 중턱에서 마님을 쉬게 하고, 나는 연신 팔을 돌려대고 있다. 지난해 겪은 오십견의 지독한 괴롭힘이 되살아나 자꾸만 두 팔은 허공에 원을 그려댄다.

목과 발목도 사정없이 돌려대 본다. 거꾸리에 매달려 세상을 거꾸로 보기도 한다. 하늘은 호수가 되고, 산과 나무는 호수에 박힌 물그림자가 된다. '아! 아름답다.' 바람은 산들거리는데, 호수에 물결이 일지 않는구나.

거꾸리에서 일어나니, 머릿속이 맑아진 것 같다. 모처럼 심장의 피가 머릿속 구석구석까지 다녀온 모양이다. 고단한 발도 잠시 쉬었단다. 물 한 모금 더 마시니, 시들하던 몸에 생기가 나고, 새삼 물의 고마움을 느끼게 된다.

다시 마님께 내려가기를 청하고, 내려오는 길에도 꽃들은 피었는데, 올라갈 때 보지 못한 꽃 한 송이 미소를 건넨다. 혼자 즐기기엔 아까운 정경이라서 얼른 사진으로 찍어 딸에게 봄소식을 전한다. 우리 마님은 이것을 볼 수 없으니, 숨만 헉헉대고 따라오고 있다. 갑자기 가여운 생각이 들어 마님을 안고 산을 내려온다. 내 팔은 무거워 오지만, 마음은 보상이라도 하는 듯 가벼워진다.

혈구산 아래에는 찬우물 약수터가 있는데, 산을 찾는 이의 갈증을 풀어준다. 여기엔 계절을 파는 할머니들도 있어, 쑥국이 먹고 싶은 나는 쑥을 샀다. 할머니는 자꾸만 봉지가 불룩하게 정을 집어넣으신다. 이것 또한, 혈구산이 내게 덤으로 주는 선물이다.

혈구산은 내 삶에 건강과 위로를 주고, 늘 다른 모습으로 곁에 있어 주는 친구이다.

# 강화도령 첫사랑 길

원범과 양순이가 뛰놀던 첫사랑 길
산새도 따라올라 정답게 속삭였지
양순이 수줍은 가슴 진달래꽃 물드네

어긋난 운명으로 첫사랑 빼앗기고
원범은 구중궁궐 임금님 되었으나
양순이 하도 그리워 산새 되어 울었네

떠나간 첫사랑을 찾아서 올라보니
희미한 인기척은 저만치 멀어지고
홀연히 뒤돌아보니 새소리만 들리네

# 화개산에 올라

화개사 독경 소리를 먹고 사는 이백 년 노송은 부처 같은
부드러운 미소를 닮았는가, 한 치의 노여움도 없어 보인다
절간 마당 땅속에서 겨우내 앓던 상사화는 삐죽이 잎을
내밀고 끝나지 않은 애절한 열병을 올봄에 또, 시작하려나
보다 고집스러운 몸부림조차 가엾다

가파른 뒷산 아기자기한 숲길을 숨을 몰아쉬며
구름 위에 떠 있는 듯한 대운정에 오르면,
사방으로 펼쳐진 경치에 눌려 복작거리던 마음도 가라앉고,
정자에서 만난 낯선 남자는 다정한 이웃으로
오아시스처럼 다가와 새콤한 귤 한 개를 건네주며
내 갈증을 풀어준다

세상살이에 찢긴 마음은 머지않아 절간을 지키는
노송처럼 멋진 옹이를 만들 테고, 해마다 열병을
심하게 앓고 피어나는 상사화는 봄을 두려워하지 않고,
다시 새싹을 돋워 애절한 사랑 꽃을 피워낼 게다

# 일산 호수공원에서

호숫가에 서면 잊고 살던 것들이
이야기꽃으로 살아난다
힘차게 솟아오르던 외줄기 분수는
하얀 포말로 산산이 부서져 내려
더위에 지친 강물을 깨워
시원한 바람을 일으키고

마음 맞는 사람과 걷다 보면
구름다리 아래 하얀 백련은 피어나고
길가 보랏빛 맥문동이 발길을 멈추게도 하고
연보랏빛 개미취에게 인사를 청하기도 하고

한 바퀴 돌다가 팔각 정자에 오르면
멀리 호숫가를 걷고 있는 사람들
살아 움직이는 작은 점처럼 다가오고
또 하나의 나인가
지극히 미약한 존재인 것을
부질없는 욕심일랑 호수에 던져버리고
한 줄기 바람처럼 살자하네

# 국화호수에서

국화호수에 봄이 왔다
겨우내 얼음장 밑에서 숨죽여 기다리던 봄이다
고운 바람에 스쳐 고운 물결이 인다

물가에 발 담근 버드나무는 연둣빛으로 톡톡 불거지고
물 가운데서 자맥질하는 까만 가마우치는
한참을 잠수하다가 붕어 한 마리 물고 나온다

한켠에 물오리 떼 유유히 흐르고
원앙새도 쌍쌍이 떠도는 한가로운 오후
물오리가 부러워서 호숫가를 맴돌던 검은 고양이
속마음을 들켜 황급히 줄행랑을 친다

호숫가로 가지를 뻗친 소나무에 걸터앉은 산까치
작은 텃새, 예쁜 종달새도 재잘거리고
서녘으로 지는 해 긴 꼬리 물 위에 내려앉아
평화로운 호수에 평화를 더한다

심술로 던진 돌멩이도 죄 없고
겨우내 키워낸 붕어를 잡아가도 죄 없다
모두를 용서해서 얻어지는 평화
호수는 넓은 가슴으로 용서하여 평화를 짓는다

# 흥부네 제비집

어머님돌아가시던날은오늘보다빗줄기가더굵었다
땅에묻히시던날용케장대비가꾸물꾸물힘이빠져고향
사람들이고생을덜하셨다돌아가신분이덕을베풀어주
신것이라고맙다고했다벌써십년이훌쩍넘은일이라기
일에모이면어머님살아계실적명절날처럼서로얼굴보
는일이반갑다그도그럴일이모이면식당에서밥사먹고
산소가서절하는일로간소화되었기때문이다고향찾은
김에다리를놓아옛날거리로명소가된교동대룡시장거
리를늙은애열이우산쓰고삶은옥수수를뜯으며지붕이
낮은집들이쭉이어진골목길을들어섰다좁은옛날시계
방이먼저눈길을끈다이제추억속시계방은사람대신마
네킹이지키고있어우습다고한바탕웃었다요즘은아파
트에살아제비집보기가드문일인데제비들도추억처럼
찾아와옛집을지켜낸다올봄늦게돌아온제비는아직새
끼세마리를기르고있다낮은슬라브지붕처마밑제비집
에는엄마를기다리는새끼들이옹기종기내다보고있다
엄마가돌아올때가지났는지오늘처럼비가내리면들녘

에잠자리도비를피해숨어먹이구하는일이쉽지않을텐데옆흥부네제비집은빈둥지만남아쓸쓸하다벌써다자자란새끼들을데리고강남으로날아가겨울동안튼실한어른이되어흥부네집을찾아올게다제비야내년봄에도부디흥부네집마당에박씨를물고찾아와반갑게만나자.

# 동검도에서

갈대숲이 큰 키를 들어내고 서걱거리면
사방이 갯벌에 둘러싸여도 외롭지 않은 섬
끈 풀린 강아지 같은 마음으로 찾아가면
멀리 청회색 작은 섬들이 반겨주고
엄마 품처럼 팔 벌려 맞아주는 동검도

막 떠난 썰물은 한참을 기다린 후에야
내 긴 기다림을 알아채고
구불구불 하얀 갯골을 따라 서둘러 돌아오고
바닷가 소나무에 앉아서 졸던 갈매기는
돌아온 고기떼가 반가워 끼륵 끼륵
멀리 보이는 서너 척 고깃배들은
벌써 떠나온 가족이 그리워 육지 쪽을 바라본다

석양이 눈부신 갯벌에 붉은 칠면초는
불붙은 듯 황홀한 레드카펫을 펼쳐놓고
영화 속의 스타처럼 걸어보라 하고

건너편 넓은 갯골에서 미역 감는 아이들
신나게 재잘거리는 소리, 영화음악처럼 흐른다

바다가 내려다보이는 창가에 앉으면
냉커피 한잔에 욕심은 금방 사라지고 만다

# 분당 율동공원에서

타오르던 붉은 잎을 모두 떨어낸
늦가을 나무들 보고 있노라면
가을걷이 끝난 들판 바라보듯 숙연해지고
제 임무를 끝낸 당당함도
닥쳐올 고난을 묵묵히 견디겠다는 각오도
너무 장엄하여 오히려 눈물이 날 것 같다

양지바른 호숫가 빈 벤치에 홀로 앉아
서녘 햇살이 긴 꼬리로 내려앉아
다이아몬드 보석처럼 반짝거리는
눈부신 호수를 멍하니 바라보고 있노라면
아! 비명처럼 벅찬 순간이여!
이 호사스러운 고요를 내가 누리는가?
무심한 오리 떼는 그림처럼 한가롭다

# 함덕 해수욕장에서

바다 가운데 사방이 확 트인 정자에 앉아 무심히 바라보는 끝없는 바다는 옥빛이어서 좋고, 제 몸 태워버린 검은 바위 구멍 숭숭, 욕심이 없어서 좋고, 해변은 하얀 속살을 가끔씩 드러내어 심심하지 않고, 빨간 등대는 항구를 지키는 파수꾼처럼 든든해서 좋고, 멀리 서우봉 비탈길에 노오란 맥아밭은 푸른 바다에 색을 더하여 좋고, 근처 카페에서 커피 한잔을 사들고 나와 앉으면, 방금 초록 바다를 막 돌아 나온 파릇한 바람이 미소로 속삭이고, 짭조름한 바닷바람과 쌉싸름한 커피 맛의 환상적인 조합이 만들어 낸 행복이라는 오직 한 단어만 오롯이 살아남게 되고, 게다가 운수 좋은 날엔 함덕 서쪽하늘 일몰 직전에 수퍼 문보다 더 크고 환한 수퍼 썬을 경외하여 바라보게 되는 행운은 덤이다.

두고 온 함덕 해수욕장 오월 바닷바람이 어느새 내 강아지처럼 나를 따라와 재롱을 한참 부리다가, 내 침대에 나란히 누워 곤한 잠에 빠진다.

# 뽕끄랑 까페에서

한라산 능선이 훤히
가까이 내다보이는
전망 좋은 뽕끄랑에서
뽕끄랑 카레 돈까스를 먹으니
더 바랄 것 없이 뽕그랑하게 좋다
참 좋다

금강산도 식후경이라
뽕그랑한 한라산을 바라보니
모든 것이 뽕그랑하게 좋다
참 좋다

뽕그랑한 욕심이 생기니
언젠가 한라산을
한 번이라도 올라보면 뽕그랑하게 좋겠다
참 좋겠다

# 나이아가라 폭포 앞에서

모든 것을 삼켜버릴 듯이 흘러내리는
장엄한 옥색 물줄기
거대한 자연이 만든 폭포 앞에 서면
마음에 일던 잡다한 생각은 사라지고
오직 창조주의 위대한 음성과 빛에
매료되어 잠시 황홀해진다

고대하고 설레던 첫 만남의 순간
하늘과 땅이 맞닿는 근원에서 흘러온 물줄기
서쪽하늘에서 때 맞춰 내려온 멋진 무지개
한 몸으로 부둥켜 깊은 계곡으로 떨어져
사랑과 미움과 분노는 아름다운 화음으로
장엄한 합창곡이 연주된다

언제나 물안개에 가려진 신성한 폭포
그 속살을 마주하고 싶은 욕망에
거센 물살을 역류해 가까이 다가가면
거룩한 성수처럼 뿌려주는 폭포수
경외로운 순간에 폭포 앞에 마주 서면
창조주의 위대한 손길이 느껴진다

# 완 달라 아이들

썬그라스 너머는 이미 캄보디아 찌는 햇살 눈부신 아침이다.

앙코르 와트를 만나보기 전에 작은 사원부터 먼저 둘러보기로 했다. 완 달라를 외치며 관광객 주위에 자석처럼 달라붙는 아이들은 부모에게 내몰린 삶이란다. 어떤 아이는 병든 엄마를 대신해 나왔을 게고, 내전 때, 지뢰에 두 다리를 잃은 아버지는 아이에게 삶을 아예 얹어버렸을 게다.

가이드는 아이들의 삶이 자칫 희망 없이 놀고먹는 비렁뱅이로 전락할까 걱정을 한다. 완 달라를 외치는 아이들을 만나면 내 머릿속은 뒤엉켜 혼란스러워지고, 저 아이가 내게 원하는 것이라곤 완 달라를 달라는 것이고, 지금 내가 할 수 있는 일이라곤 완 달라를 줄 수 있는 능력이 있다는 것뿐인데, 작은 일에도 명분이란 것을 찾자면 어려워진다. 세상일에는 모순이 참 많다는 생각에 머릿속이 복잡해졌다.

얼굴은 일곱 살 정도로 뵈는데, 체구는 네 살 정도로 작은 아이가 첫돌도 안 돼 보이는 아기를 안고 구걸을 한다. 하루 종일 갈아주지 않은 듯, 누런 종이 기저귀만 하나 달랑 채운 갓난 아이, 이 더위에도 잘 살아남아야 하는데 마음이 무겁다.

저 아이 엄마는 일부러 더 애절한 방법을 고안해냈을까? 내 심장은 이미 거미줄에 걸려 퍼덕거리는 간절한 몸부림으로 이미 투 달라를 토해내고 있었다.

어떤 여자아이는 곁에 어린 동생을 앉히고, 사원 길목에 앉아 숙제를 하고 있다. 기특하고 대견한 마음이 들어 원 달라를 외치기도 전에 내어주고 말았다. 훗날, 그녀는 원하는 직업을 가지고 멋지게 살았으면 좋겠다.

어른 손가락만큼 작은 누런 바나나 두 송이를 든 남자아이가 완 달라를 크게 외쳤다. 일행은 투 달라로 즐거운 파티를 했다.

어쩌면, 수입으로 보면, 완 달라를 구걸하는 게 훨씬 이익이 되겠지만, 훗날 분명 이 아이는 장사의 원리를 터득하여 멋지고, 큰 상점의 주인이 될 것이라는 확신이 들어 뿌듯해졌다.

완 달라에 명분이야 있든 없든, 완 달라를 외치는 아이들 목소리는 귀국 후에도 애절하게 귀에 맴돌고 있다.

# 말레이시아에서

세찬 소나기가 잠시 지나면 시원한 바람이 불고, 나무들은 잎사귀를 떨어내는 아픔을 겪지 않고도 평온하게 살 수 있고, 꽃들은 정열의 색으로 피고, 작은 새들은 집시 되어 자유로운 영혼을 노래하고, 파란 하늘을 커다란 캔버스 삼아 하얀 물감을 풀어 수줍게 내민 낮달 옆에는 하얀 목단 꽃을 피우고, 큰 날개 달린 아기천사 한 쌍 정답게 그려 넣으면 키 큰 야자수들 한가로워 졸고 있는 고요한 한낮, 비둘기는 무리 지어 날개를 수만 번씩 파닥거려서 높이 날아오르다 날개를 펴고 수직으로 하강하여 붉은 지붕에 멋지게 내려앉는 곡예비행을 즐기고, 검은 히잡 쓴 여인들은 더위를 못 느끼고 있는지 긴 팔, 긴 바지, 긴 치마 드러낸 얼굴엔 미소 띠고, 팔다리 다 드러내고도 더운 햇살에 허덕이는 나는, 이곳에서 이방인으로 추위를 비켜 철새처럼 살고, 세계는 경제를 공유하여 인도네시아, 방글라데시, 네팔 사람들은 일자리를 찾아 제 고향을 떠나오고, 같은 이방인이지만 우리는 발전된 나라 국민으로서 말레이시아에서 쾌적한 자연환경을 즐기고 있다.

# 굿모닝, 마문!

"굿모닝, 마문!"

말레이시아에는 아침마다 만나는 친구가 있다. 화장실과 복도를 대걸레로 열심히 닦으며 아침을 연다. 누가 보든 안 보든 열심히 청소하는 모습이 성실해 보여 고맙다는 인사를 건넸다. 까만 얼굴에 하얀 이를 드러내고 웃어주는 친구는 방글라데시에 가족을 두고 일을 찾아왔다. 나라가 어려우면 어쩔 수 없이 국민은 외화벌이에 나서게 된다. 나라는 어머니 품으로 누구나 보호받아야 하지만, 사랑해야 할 의무도 있다. 가슴에 손을 얹고 정중하게 인사를 하는 마문은 다음날은 두 손을 가슴에 얹고 인사를 한다. 내 진심이 통해서 무례하지 않은 친구가 되고 싶은 모양이다. 오늘도 복도는 반질반질하게 윤이 난다. 깨끗한 걸레로 걸레질을 한 뒤에나 느끼는 상쾌한 냄새랄까. 내가 가끔 집을 정성으로 청소하고 느끼는 상쾌함이랄까. 그러나 어쩌랴. 요즘 며칠 마문이 안 보이는 아침이다. 궁금해서 다른 동료에게 물으니 오후 당번이란다. 새삼 마문이 여는 아침이 그립다. 마문도 내가 궁금하리라 믿고 싶다. 정이란 게 붙이고 나면 떼어낸 곳에 파스 붙인 자리처럼 자국을 남기고, 억지로 떼어내면 상처가 남기도 한다. 마문이 여는 아침이 다시 오지 않는다 해도 마문이 빨리 돈 많이 벌어 고향집으로 돌아가 식구들과 함박꽃웃음을 실컷 웃을 수 있는 아침이 오길 바란다.

評說

# 깊고 넓은 시적 사유와 고운 심성의 시

- 구신자 제2시집 『옹이가 봄꽃처럼 찬란하다』 -

허 형 만

(시인. 목포대 명예교수)

評說

# 깊고 넓은 시적 사유와 고운 심성의 시

- 구신자 제2시집 『옹이가 봄꽃처럼 찬란하다』 -

나무들은 땡볕에
홀로 서 있는 듯하지만
서로 그늘이 되어 의지하고 산다

사람들은 시련 속에서
홀로 의연하게 맞서고 있는 듯하지만
서로 그늘이 되어 위로하고 산다
- 구신자 「그늘」 전문

## 1.

구신자 시인이 첫 시집 『꽃뱀, 굴을 나오다』(2020, 도서출판 현자) 출간 후 4년 만에 두 번째 시집 『옹이가 봄꽃처럼 찬란하다』를 출간한다. 4년 전 첫 시집에서 구신자 시인은 내적 체험을 통한 몸에 관한 성찰을 보여주었다. 참 인간적인 자기 성찰, 참회였던 셈이다. 동시에 한 삶이 때로는 용서, 화해, 그리고 없었던 일로 되지 않음을 고뇌하기도 했다. 이러한 참회를 통한 자아 성찰은 긍정의 힘을 낳고 이어서 생명에 대한 사랑으로 이어졌다. 그만큼 첫 시집에서는 구신자 시인의 삶 속에 시적 사색의 깊이와 생명의식이 잘 스며들어 있었다는 의미이다. 구신자 시인은, 삶은 무조건 행복해야 한다고 믿는다. 행복한 날이 오거든 행복하게 살라고, 그러나 행여 불행한 날이 오거든 또한 행복했던 날처럼 살라고 당부한다. 「삶은」이라는 시에서다.

그러면 이제 두 번째 시집은 어떠한 작품 세계를 보여줄까가 궁금하지 않을 수 없다. 우선 구신자 시인은 이 시집을 내면서 "시를 쓴다는 것은 자기 내면을 들여다보고 자기 고백을 하는 일이라고 합니다. 부끄럽기도 하고 뿌듯하기도 한 일입니다. 한 장의 사진으로 앨범에서 추억을 꺼내 보는 일처럼 보고 느끼는 감상을 한 편의 시에 풀어놓고 모은 시들을 시집으로 묶어 추억으로 돌아보려고 합니다."라고 소회를 밝히고 있다. 이 시인의 말에서 우리는 구신자 시인이 자신의 시 창작 정신을 겸허한 자세로 밝히고 있음을 본다. 시 「그늘」에서 나무들이 서로 그늘이 되어 의지하고 살 듯이 사람들도 시련 속에서 서로 그늘이 되어 위로하고 산다는 시적 인식이 바로 그렇다.

이 창작 정신은 우선 시인이 배열한 목차에서 잘 드러난다. 총 5부로 나누어진 목차는 제1부 '봄과 여름 사이',

제2부 '여름과 겨울 사이', 제3부 '가족과 인연을 돌아보며', 제4부 '나와 사회를 돌아보며', 제5부 '장소를 이동하여'로 배치하고 있다. 즉 제1부와 2부는 봄에서 겨울까지 계절의 순환과 감각, 제3부는 유년 시절 고향 이야기와 아버지, 어머니의 추억, 그리고 삶을 통해 맺어진 인연들, 제4부는 자신을 둘러싸고 있는 사회적 환경, 그리고 마지막 제5부는 시인이 예전에 살았던 강화도의 혈구산, 화개산, 국화호수, 동검도는 물론 경기도 일산 호수공원, 분당 율동공원, 제주도의 함덕 해수욕장, 뽕그랑 카페, 그리고 나이아가라, 캄보디아, 말레이시아에 이르기까지 장소를 이동하면서, 즉 여행을 하면서 체득된 시적 사유로 구성되어 있는 셈이다.

## 2.

먼저 봄부터 겨울까지의 계절에 따른 시적 사유와 감각은 어떻게 표현되고 있을까. 계절에 대한 순환의식이 시에 표현되는 양상은 시인의 정신적 면모와 차이가 있다. 이는 시인뿐만 아니라 화가나 음악가, 심지어 신화창조자에게도 마찬가지다. 자연의 봄, 여름, 가을, 겨울의 순환은 돌고 돈다. 주기적으로 지나가고 또 새로 시작된다. 그것은 인간의 생과 사의 순환과도 연결된다. 곧 인간도 자연의 일부라는 의미다.

병실 창밖에 물러설 공간조차 야속한
콘크리트 틈에서 참 기특하게도
자목련이 흐드러지게 피었다
목줄에 매인 강아지처럼 링거 수액을 달고
창밖만 바라보는데

별일이 없던 병실 어제와 오늘 사이
하루라는 의미로 꽃은 지고
종일 쉼 없이 내리는 봄비
자목련은 링거를 맞고
꽃이 진 자리에 초록 봄을 얹었다

꽃이 지는 일은 슬픈 일인 줄만 알았는데
봄비는 그렇게 너를 어루만져
떠나고 다시는 올 것 같지 않던
초록을 돌려주고 가는구나

꽃이 지는 일은 슬픈 일만이 아니라고
봄비는 그렇게 전해주고 간다

-「봄비」 전문

시인은 "링거 수액을 달고/ 창밖만 바라보는데" "물러설 공간조차 야속한/ 콘크리트 틈에서 참 기특하게도" "흐드러지게 피었"던 자목련은 지고, "종일 쉼 없이 내리는 봄비"로 자신처럼 "링거를 맞고" "꽃이 진 자리에 초록 봄을 얹었"음을 본다. 자목련이 시인처럼 봄비라는 링거를 맞고 새로운 생명체로 태어난 것이다. 그러니 "봄비"는 희망의 다른 이름이다. 왜냐하면, "꽃이 지는 일은 슬픈 일인 줄만 알았는데/ 봄비는 그렇게 너를 어루만져/ 떠나고 다시는 올 것 같지 않던/ 초록을 돌려주고" 가기 때문이다. 봄비는 말한다. "꽃이 지는 일은 슬픈 일만이 아니라고". 구신자 시인의 사유의 깊이가 그만큼 넓음을 본다.

구신자 시인은 「봄비」에서 자목련의 꽃 진 자리에서 봄비로 하여 새잎이 돋아나는 희망을 노래했듯, 「잃어버린 봄」에서는 2020년 봄, 팬데믹으로 "너와 나, 애써 대화가 없고/ 죽은 듯 조용한 거리/ 웃음은 사라지고 우울한 일상"이지만 "벚꽃은 몸부림치다가 사그라지고/ 내일이 오면/ 또, 내일이 오면/ 희망처럼 오월 남풍이 불어온다"고 희망을 노래한다. 또한, 오월의 시 「오월 정원에서」도 "이름을 다 모르는 꽃들이 가득한 오월 정원에서/ 땅을 허락받은 꽃들은 향기 품은 꽃을 피워 화답하고/ 한 여인이 이룬 꿈은 한 여인의 꿈이 아닌/ 모두의 희망이 되어 오월 하늘에 높이 펄럭인다"고, 희망의 오월을 찬미한다.

유월, 한낮 열 오른 아스팔트길

나들이 가는 병아리처럼 설렌
노란 금계국이 들길 따라 피어나면
여름이 온다네

산들바람 휘도는 연못에선
물가에 발 담그고 선
노란 아이리스가 수줍게 반기고
사방이 초록인데
낯선 이방인 금계국이
나비처럼 노란 꽃잎을 나풀거리면
여름이 온다네

이제 좀 한국살이 익숙해진
이웃집 아낙의 환한 웃음을 보듯
뜨건 해 고향에 두고 온 금계국이
눈길마다 온통 지천으로 피어나면
여름이 온다네

–「여름이 온다네」 전문

희망의 오월이 지나면 한낮 아스팔트 길은 열이 오르고 "노란 금계국이 들길 따라 피어나"는 유월이 온다. 바야흐로 여름이 오는 것이다. 여름이 오면 "물가에 발 담그고 선/ 노란 아이리스가 수줍게 반기고", 사방은 연녹색에서 짙은 초록으로 변한다. "뜨건 해 고향에 두고 온 금계국"은 북아메리카가 원산지로 꽃의 색깔이 밝고 금빛처럼 환해서 마치 “이제 좀 한국살이 익숙해진/ 이웃집 아낙의 환한 웃음을” 보는 듯하다. 금계국은 꽃말처럼 ‘상쾌한 기분’이 드는 꽃이며, 한방에서 한약재로 혈액순환을 개선하고 부기를 가라앉히는 효능이 있다. 뿐만 아니라 차로 끓여 마시면 성질이 따뜻해 체온을 높여주고 알레르기의 항염 작용과 간의 에너지 순환을 돕는데 유효하다.

이제 한여름이 되면 땡볕 폭염으로 “금오이, 금상추, 금가지/ 푸성귀들이 밭에서 시들어 죽어가”지만, “더위를 이겨보려는 속셈으로/ 더욱 단단한 껍질로 감싸고 있”(「단호박」)는 단호박도 있다. 또한 여름이면 매미를 빠뜨릴 수 없다. “지루했던 장마가 끝나고/ 나뭇가지에 올라앉은 매미/ 밤낮을 쉬지 않고 울어대고”(「여름 매미」), 매미가 짝을 만나지 못할까 애절하게 부르는 세레나데가 시인의 가슴에 파고든다. 한편, 여름 마른장마도 구신자 시인에게는 좋은 시적 대상이 된다. “뾰쪽한 장대 끝으로 저 검은 구름을/ 한 번만 콕 찌른다면/ 금방이라도 울음보가 터질 것 같은데” “금방이라도 펑펑 울 것 같은/ 침통한 표정으로 다가오다가/ 다시 햇살 속으로 사라지는”(「마른장마」) 장마의 안타까움을 절절하게 표현하고 있는 예가 그렇다.

아, 황홀한 가을이다

갈대숲은 노을이 내려앉은 바다
황금물결을 헤집고 항해 중이다
하얀 파도를 타고 재잘거리는
억새밭 사이로 작은 새들이 숨어들고

낯설지 않게 가까이 다가와
콧속부터 마법을 거는
노란 국화꽃 쌉쌀한 향기는
오랜 친구처럼 다정하게 말을 걸고

단풍보다 더 고운 붉은 감을
꽃등처럼 매달고 밤낮을 밝혀
홀로 익어가는 붉은 감나무
입안에 단맛이 넘치게 고이고
아, 찬란한 가을이다

–「가을이다」 전문

프랑시스 퐁쥬 같은 시인은 "모든 가을은 결국 더 이상 냉차 같은 것이 아니다"고 노래했다. 구신자 시인은 이에 화답이라도 하듯 "황홀한 가을", "찬란한 가을"을 노래한다. 가을이 왜 황홀한가? "노을이 내려앉은 바다/ 황금물결을 헤집고 항해 중"인 갈대숲의 아름다운 풍경을 상상해 보라. 황홀하지 않은가? 가을이 왜 찬란한가? "단풍보다 더 고운 붉은 감을/ 꽃등처럼 매달고 밤낮을 밝혀/ 홀로 익어가는 감나무"를 상상해 보라. 찬란하지 않은가?

이처럼 가을이 황홀하고 찬란하기에 "노란 국화꽃 쌉쌀한 향기"가 "낯설지 않게 가까이 다가와" "오랜 친구처럼 다정하게 말을 걸고" "콧속부터 마법을" 거니, 이 마법에 안 걸릴 사람이 어디 있는가. 그 흔한 통속적 가을 이미지를 구신자 시인은 과감히 거부한다. 낙엽에 관한 시적 인식만 보아도 그렇다. "떨어진 가랑잎 모두/ 흙 속에 고이 섞어/ 새봄에 쓰일 거름이 되어라/ 새싹 키울 봄비가 되어라"(「낙엽에게」)고 당부하는 마음이 얼마나 희망적인가.

한편, 가을이면 대표적인 곤충이 고추잠자리다. "꼭꼭 숨어라/ 꼭꼭 숨어라/ 붉은 고추밭에 숨어라/ 비단 망토/ 붉은 노을에 젖어 토라질라// 꼭꼭 숨어라/ 꼭꼭 숨어라/ 고운 단풍잎에 숨어라/ 붉은 옷자락/ 힘센 술래에게 잡혀 찢길라"(「고추잠자리에게」). 이 시는 동요로 작곡하여 불러도 좋을, 맑고 깨끗한 동심으로 이루어져 있다.

겨울, 나무들은 오직 맨몸으로
시린 바람 앞에 마주 선다
수줍은 듯, 당당하게
안으로만 품던 옹이가
환하게 드러나 봄꽃처럼 찬란하다

지난봄, 우듬지에 톱질을 강요당했던 일
여름, 광풍에 가지가 찢기던 아픔

피와 진물이 흐르던 상처에
수많은 눈물로 새살을 돋우고
겨울나무, 옹이가 봄꽃처럼 찬란하다

누구나 돌아보면 어이없이
큰 시련에 직면했던 때도 있었지
눈물이 마르고
다시 일어선 그 자리에 피어난
옹이가 봄꽃처럼 찬란하다

-「옹이가 봄꽃처럼 찬란하다」 전문

이 시집의 표제시다. 겨울이 되어서야 마침내 드러난 나무의 깊은 상처, 옹이. 구신자 시인은 이 옹이를 발견하고 찬미한다. 겨울이 되면 "나무들은 오직 맨몸으로/ 시린 바람 앞에 마주 선다". 맨몸으로 시린 바람 앞에 마주 선 나무가 "수줍은 듯, 당당하게/ 안으로만 품던 옹이"를 "환하게 드러"내 보이니, 이 옹이가 시인에게는 "봄꽃처럼 환하다". 이 얼마나 놀라운 발견인가. 겨울은 고요한 명상의 계절이라는 말이 떠오른다.

그러면 이 옹이는 어떻게 만들어지게 되었을까? 시인은 이 겨울, 옹이 박힌 나무와 함께 명상에 들어간다. "지난 봄, 우듬지에 톱질을 강요당했"으리라. 여름에는 "광풍에 가지가 찢기던 아픔"을 참아야 했으리라. 이러한 고통과

아픔을 겪으며 "피와 진물이 흐르던 상처에/ 수많은 눈물로 새살을 돋우"어 낸 옹이, 겨울나무에서 비로소 드러낸 옹이를 "봄꽃처럼 찬란하"게 보는 시인의 마음은 참으로 아름답다. 시인이 본다는 것은 단순히 시각적인 기능을 넘어서서 그 너머의 보이지 않는 것까지 새롭게 살피고 이해하는 것이다. 이토케이치伊藤桂一가 한 그루의 나무를 보는 순서를 1단계부터 8단계까지 말하면서 1단계 "나무를 그대로 나무로서 본다"에서 시작하여 마지막 8단계에 이르러서는 "나무를 매체로 하여 나무의 저쪽에 있는 세계를" 보아야 비로소 시를 쓸 수 있다고 말한다. 구신자 시인은 바로 이 8단계의 안목으로 겨울나무의 옹이를 본 것이다.

그리하여 마침내 시인은 "누구나 돌아보면 어이없이/ 큰 시련에 직면했던 때도 있었지/ 눈물이 마르고/ 다시 일어선 자리에 피어난/ 옹이가 봄꽃처럼 찬란하다"고, 깊은 사유의 세계로 확장한다. 구신자 시인의 삶의 명상이 두드러진 작품이 아닐 수 없다.

## 3.

구신자 시인은 꽃을 사랑한다. 첫 시집에서도 개미취꽃, 할미꽃, 때죽나무꽃, 백일홍, 해바라기, 능소화, 장미,

감국, 코스모스와 같은 꽃에 대한 시를 썼다. 이번 시집에서도 역시 동백꽃, 붉은수수꽃, 란蘭, 무궁화, 호접란, 공작선인장, 채송화, 목단꽃, 가재발선인장, 찔레꽃, 양귀비, 개망초 등 꽃의 생명성을 찬미한다.

> 처음엔 흑백의 절제된 아름다움에 빠져 사물이 온통 흑백으로만 묘사되는 것에 기쁨이 닿았는데 어느 날부터 색을 조금씩 덧칠하다 진해지더니 색은 점점 더 진해지고, 화장이 진해지는 여인이 스스로 색에 빠져들기를 자각하지 못하듯, 그림에 색이 더 해지고, 색을 칠하고 있으니 시름은 사라지고, 그림 속 원시적인 색감은 눈에서 머리까지 온 몸속 혈액을 타고 한 바퀴 돌아 나오는 순간에 색에 빠져 색을 캔버스에 토해내며 색을 즐기고 있으면 원초적인 즐거움이라니, 나는 지금 흑백의 세상에서 나와 붉은 물감을 찍어 동백꽃을 그린다.
>
> -「동백꽃을 그린다」 전문

구신자 시인은 화가이기도 하다. 이 시는 동백꽃을 그리는 과정을 묘사하고 있으면서 동시에 동백꽃이 봉오리에서 활짝 피어나기까지의 과정을 함께 보여준다. 동백꽃은 전통 혼례 때 빠지지 않는다. 금슬 좋은 부부가 되고 다산을 바라는 상징적인 꽃이기 때문이다. 꽃은 가지 끝에서 피며, 꿀샘이 발달 되어 있어 봄철이면 꿀벌들이 많이 모인다. 동백꽃에는 향기가 없다. 그래서 새빨간 색으로 겨울철 동박새를 유인하여 꽃가루 매개를 하게 한다.

시인은 지금 동백꽃을 그리면서 위와 같은 동백의 특성과 내면을 화폭에 옮기는 중이다. 동백꽃도 물론 처음부터 붉은색이 아니다. "처음엔 흑백의 절제된 아름다움에 빠져" "온통 흑백으로만 묘사"하다가, "어느 날부터 색을 조금씩 덧칠"하니 점점 더 진해진 "그림 속 원시적 색감은 눈에서 머리까지 온 몸속 혈액을 타고 한 바퀴 돌아 나오는 순간"의 황홀함, "원초적인 즐거움"을 체험한다. 그리하여 마침내 화폭에서 붉은 동백꽃이 활짝 피어난다. 그야말로 물아일체의 경지인 셈이다. A. 뒤마는 「동백꽃을 가진 여인」에서 말한다. "불, 꽃, 그것들의 공통분모는 사람들이 그 주기의 순간에 따라 붉거나 흰 그 위에 핀을 꽂는 동백꽃과도 같이 지나가는 시간이다". 아마도 여인의 아름다움은 꽃처럼 금방 지나간다는 것을 노래한 것이겠지만, 그럼에도 불구하고 구신자 시인처럼 "화장이 진해지는 여인이 스스로 색에 빠져들기를 자각하지 못하듯, 그림에 색이 더해지고, 색을 칠하고 있으니" 시름이 사라지는 여인을 어찌 지는 꽃에 비할 것인가.

개망초 핀 하얀 안길로 걸어 들어갑니다

그늘지고 잘 다듬어진 길을 떨치고

땡볕에 핀 하얀 개망초 굽은 안길을 걸어갑니다

작은 꽃이라고 향기가 없는 것은 아니지요
풀 내음 담은 은근한 향기에 홀려
노란 나비, 하얀 나비, 작은 벌들
모두 흥겨워 춤을 추는 신이 난 꽃길입니다

멀리 빨간 옷을 입은 사람이 앞서 걸어갑니다
한가로운 뒷모습이 한 마리 나비처럼 어우러집니다

개망초 작은 꽃들은 나비가 그리워서 피고
사람들은 그 꽃길에서 한 마리 나비가 되고 싶은 겁니다

모든 그리워하는 것들은 그렇게 만나고야 말지요

-「유월 개망초」 전문

개망초는 6월에서 9월까지 토박이 들꽃처럼 들판을 하얗게 장식하는 꽃이다. 토끼풀, 미루나무, 아까시, 달맞이꽃과 같이 북아메리카가 원산지인 귀화식물로 "풀 내음 담은 은근한 향기"에 "노란 나비, 하얀 나비, 작은 벌들" 모두 춤을 추게 하는 꽃이 개망초꽃이다. 화자는 "그늘지고 잘 다듬어진 길을" 한사코 마다하고 "땡볕에 핀 하얀 개망초 굽은 안길을 걸어" 가면서 "멀리 빨간 옷을 입은 사람이" "한 마리 나비처럼 어우러져" 걸어가는 모습을 본다. "나비가 그리워서 피"는 개망초꽃처럼 화자를 포

함해 꽃길을 걷는 사람들은 아마도 "한 마리 나비가 되고 싶은" 마음일 거다. 마치 개망초꽃이 "나비가 그리워서" 피듯 "모든 그리워하는 것들은 그렇게 만나고야 만다는" 사유의 폭이 넓다.

이처럼 사유의 폭이 넓은 건 구신자 시인이 모든 사물을 그냥 보아 넘기지 않는 시적 인식이 평소에 얼마나 깊은지 알 수 있거니와, "엄마가 병상에서/ 힘겹게 생명줄을 잡고 있을 때도/ 집에 홀로 남아 응원을 보내던 꽃" "엄마를 많이 위로해 주던 꽃"(「가재발선인장 꽃」)인 가재발선인장 꽃이나 "바닷가를 거닐다가/ 산길을 거닐다가 마주한 하얀 찔레꽃"(「하얀 찔레꽃」)에 대한 사유도 마찬가지다.

붉은 플라스틱 함지박에
알록달록 무지개 사탕을 담아놓은 듯
채송화가 가득하여 탐스럽다

쪼르르 달려 나가
읍내 장에 다녀오신 할머니를 반기듯
채송화꽃 앞에 다가앉았다

할머니의 장독대 돌 틈에도
해마다 어김없이
아침햇살 먹은 채송화가 피었었지

그림 속에 그려 넣고
거실 높은 데 걸어 놓았는데
할머니의 초상화처럼 내려다보고 있다

무지개 사탕을 빨고 있는 듯
단물이 사르르 발끝까지 녹아든다

–「채송화」전문

옛날에 보석을 좋아하는 한 여왕이 있었다. 여왕은 모든 보석을 궁궐로 가져오게 하였고, 나랏일을 돌보지 않아 백성들은 굶주림에 시달리고 있었다. 어느 날 한 노인이 코끼리의 등에 보석을 잔뜩 싣고 궁궐을 찾아왔다. "이 보석 한 개에 마마의 백성 한 사람과 바꾸어 주십시오". 여왕은 백성을 다 주었으나 아직 보석 한 개가 남아 있었다. 여왕은 자신과 보석을 바꾸기로 하고, 마지막 보석을 움켜쥐었다. 이때 갑자기 보석이 폭발하면서 여왕은 그 자리에서 죽고 말았다. 주위에 흩어진 보석 조각들은 여러 가지 빛깔의 꽃으로 변했는데 이 꽃이 바로 채송화였다.

노지에서 한여름에 전설처럼 여러 가지 꽃, 즉 노랑, 분홍, 자주, 흰색 등 다섯 잎 꽃으로 피는 채송화는 우리에게 매우 친근한 꽃으로, 시인도 "붉은 플라스틱 함지박"에 가득 탐스럽게 피어 있는 모양이 마치 "알록달록 무지개 사탕을 달아놓은 듯"하다. 그 꽃들이 얼마나 반가운지 "쪼르르 달려 나가/ 읍내 장에 다녀오신 할머니를 반기듯" 채송화 앞에 다가앉는다. 구신자 시인은 "내 그림이 전시회를 연"(「가족사진」) 화가이기도 하여 이 채송화꽃을 그림으로 그려 "거실 높은 데 걸어 놓았는데/ 할머니의 초상화처럼 내려다보고 있다". 채송화꽃 그림을 보면, 마치 "무지개 사탕을 빨고 있는 듯/ 단물이 사르르 발끝까지 녹아"드는 황홀감에 젖는다.

4.

구신자 시인은 첫 시집 『꽃뱀, 굴을 나오다』의 표제시 「꽃뱀, 굴을 나오다」와 「자화상」에서 에리히 프롬의 '능동성과 수동성' 그리고 하이데거가 시인 릴케의 키워드 중 하나로 꼽은 '은폐와 비은폐'의 기법으로 자신이 살아왔던 삶을 고백한 바 있다. 이번 두 번째 시집에서도 첫 시집에서와 같은 삶의 고백과 성찰을 볼 수 있다.

배앓이가 심해
링거줄에 한 팔을 묶이고 나니
날기는커녕, 걷기도 자유롭지 못하고

분수도 모르고

일상에서 탈출하고 싶던 날들
늪에 빠져 허우적이다가
날개가 젖어버린 오리 신세 같다

분수도 모르고
물 위를 미끄러지듯 유영할 때는
날개만 좀 크다면
못 가볼 곳이 없다고 생각했는데
열을 떨어뜨리자고 빈속에
독한 항생제만 넣으니
죽이라도 먹어보려 하니, 식욕은커녕,
머리와 따로 노는 몸이 짜증스럽고
잃어버린 일상으로 돌아가고 싶다

분수도 모르고
지루한 일상 탈출구 밖에는
파랑새만 살고 있는 줄 알았지
많은 시행착오를 하고도
아직도 분수를 모르고 산다

―「분수도 모르고 산다」 전문

구신자 시인은 첫 시집 『꽃뱀, 굴을 나오다』(현자, 2020)에서 「자화상」 「경계선」 「앙금으로 가라앉아」 「잠 못 드는 밤」 등의 작품을 통해 참 인간적인 참회를 통한 자아 성찰, 자기 고백으로 공감을 많이 준 바 있다. 이번 시집에서도 그와 같이 위의 시 「분수도 모르고 산다」에서처럼 자기를 돌아보고 삶의 가치와 의미가 무엇인지를 생각하게 하는 작품이 있다. "분수"란 국어사전에서 '자기의 신분이나 처지에 알맞은 한도', '사물을 잘 분별하고 헤아리는 슬기', '일반적으로 인정되는 일정한 한계'와 같이 설명하고 있다. 자기 자신을 물오리에 대유代喩한 시인은 "분수도 모르고/ 물 위를 미끄러지듯 유영할 때는/ 날개만 좀 크다면/ 못 가볼 곳이 없다고 생각했는데" "배앓이가 심해/ 링거줄에 한 팔을 묶이고 나니/ 날기는커녕 걷기도 자유롭지 못한" 상태에 처하고서야 비로소 자신의 현실을 직시하게 된다. 이것이 곧 '자기 앎'이다.

인도의 선사인 오쇼 라즈니쉬는 '자기 앎'에 대하여 "인간은 자기에게 맞는 두 개의 세계를 갖고 있으니, 외부의 세계와 내면의 세계이다. (…) 삶에서 무엇보다 중요한 것은 바로 우리 자신의 중심이다. 무엇보다 자기 앎이 우선되어야 한다."고 말한다. 외부 세계보다 내면세계가 중요함을 강조한 것이다. 오쇼 라즈니쉬가 강조한 대로 외부 세계보다는 자기 앎을 우선시하는 구신자 시인은 "분수도 모르고/ 지루한 일상 탈출구 밖에는/ 파랑새만 살고 있는 줄 알았지./ 많은 시행착오를 하고도/ 아직도 분수를 모르고 산다."고 고백한다. 그러니까 내면세계보다 외부 세계에 더 관심이 많다 보니 일상은 지루하고, 이 지루한 일상은 탈출을 요구한다. 저 출구 밖, 외부 세계에는 파랑새가 있다고 유혹한다. 그것은 착각임에도 착각인 줄 모르고, 자신의 현실에 비춰 시행착오를 하면서도 시행착오인 줄 모르고, 그저 외부 세계에 대한 관심만이 앞선 자신이 "아직도 분수를 모르고" 사는 것에 대한 회한, 반성, 각오가 이 작품 속에 녹아들어 있다.

주인님의 선택을 받아
한집에 같이 잘 살다가도
인연이 다하면
합당한 이유가 아니더라도
주인님은 일방적으로 퇴출을 명령한다

우리 집 베란다에는
십 년 넘게 잘 버티고 사는 야자수
큰 키를 잘라낸 행운목
좋은 일에 보낸 란 화분들
이름이 궁금했던 작은 다육식물들
오래 쓰지 않은 빛바랜 피크닉 바구니
자주 쓰지 않는 오랜 그릇들
버리기 아까워 세워놓은 고장 난 조명등

노랗게 잘 익은 오래된 인삼주
모두 제 운명을 알지 못한 채
변덕쟁이 주군을 모시고 사는
순진한 백성들이다

언제인지 모르지만
절대자의 단호한 부름이 있는 날
나도 일방적으로
퇴출 명령을 받게 될 것이다

-「인연이 끝나면」 전문

사람이 살아가면서 이것저것 소중하게 다루고 사용했던 것들이 낡거나 쓸모가 없어지면 언젠가는 버리게 된다. 이 시에서 표현하고 있는 낱말로는 "퇴출"이다. 이러한 "퇴출"은 절대자의 입장에서는 "나"도 해당한다. 그래서 이 시는 '인연'의 의미를 깊이 생각하게 한다. 불교에서 인연법이란 간단하게 말해서, 이 세상의 모든 것은 인因과 연緣으로 이루어져 있으며, 선인善因, 선과善果와 악인惡因, 악과惡果의 원리에 따라 인과의 지배를 받는 것을 말한다.

이 시에서 "주인님"의 선택을 받아 함께 거주하고 있는 "야자수", "행운목", "난 화분", "다육식물", "피크닉 바구니", "그릇", "조명등", "인삼주" 등은 언젠가는 "인연이 다 하면/ 합당한 이유가 아니더라도/ 일방적으로 퇴출"

당할 운명에 처해 있다. 이 퇴출 운명은 온전히 "주인님" 마음이다. 특히, 이십 년은 훌쩍 넘은 세월 동안 이사 다닐 때마다 주인의 사랑을 받았던 조명등, "소임을 다하고 퇴출을 기다리는/ 먼지 쌓인 키 큰 조명등"(「키 큰 조명등을 바라보며」)처럼, 그야말로 "인연이 끝나면" 버려질 운명이다. 이와 마찬가지로 "주인님"도 "언제인지 모르지만/ 절대자의 단호한 부름이 있는 날/ 일방적으로/ 퇴출 명령을 받게 될 것이다". 그래서 도살장에 끌려가는 돼지들처럼 묻는다 "우리는 어디로 가고 있는가?"(「마지막 여행」).

그러나 한편, 시인은 인연이 끝나는 것에 머물러 집착하지 않는다. 오히려 인연이 끝나 퇴출을 당할 때 당하더라도 지금은 어떻게 삶을 살아야 하는지를 안다. 그것이 화엄경에서 말하는 일체유심조一切唯心造다. 사람의 행복과 불행이 다 마음의 생각에 달렸다는 뜻이다. 그래서 시인은 "그렇지/ 모든 일은 마음 먹기 달렸지/ 감사, 사랑, 만족, 불만, 미움, 원망, 행복 …// "일체유심조"/ 나를 품고/ 나는 그 속에서 살으련다"(「일체유심조一切唯心造」)고, 다짐한다. 얼마나 아름답고 고운 심성의 시인인가.